Prólogo

El folleto que ofrezco a la atención del lector lo escribí en Zurich durante la primavera de 1916.[1] Atendidas las condiciones en que había de trabajar allí, tuve que tropezar, naturalmente, con cierta insuficiencia de materiales franceses e ingleses y con una gran carestía de materiales rusos. Sin embargo, la obra inglesa más importante sobre el imperialismo, el libro de J.A. Hobson, ha sido utilizada con la atención que a mi juicio merece.

El folleto está escrito con vistas a la censura zarista. Por esto no sólo me vi precisado a limitarme estrictamente a un análisis exclusivamente teórico —sobre todo económico—, sino que también hube de formular las indispensables y poco numerosas observaciones políticas con la mayor prudencia, valiéndome de alusiones, del lenguaje a lo Esopo, ese maldito lenguaje a que el zarismo obligaba a recurrir a todos los revolucionarios cuando tomaban la pluma para escribir algo con destino a publicaciones de tipo "legal".

Resulta doloroso releer ahora, en los días de libertad, los pasajes del folleto mutilados, comprimidos, apretados en un anillo de hierro por el temor a la censura zarista. Para decir que el imperialismo es la antesala de la revolución socialista, que el socialchovinismo (socialismo de palabra y chovinismo de hecho) es una traición completa al socialismo, el paso completo al lado de la burguesía, que esa escisión del movimiento obrero está relacionada con las condiciones objetivas del imperialismo, etc., me vi obligado a recurrir a un lenguaje "servil", y por esto debo remitir a los lectores que se interesen por el problema a la colección de los artículos que de 1914 a 1917 publiqué en el extranjero, los cuales serán reeditados en breve. Vale la pena, particularmente, señalar un pasaje de las páginas 119–120:* para hacer comprender al lector, en forma adaptada a la censura, el modo indecoroso del mentir que tienen los capitalistas y los socialchovinistas que se han pasado al lado de aquellos (y contra los cuales lucha con tanta inconsecuencia Kautsky) en lo que se refiere a las anexiones, el descaro con que *encubren* las anexiones de *sus* capitalistas, me vi precisado a tomar el ejemplo…¡del Japón! El lector atento sustituirá fácilmente el Japón por Rusia, y Corea, por Finlandia, Polonia, Curlandia, Ucrania, Jivá, Bujará, Estlandia y otros territorios no poblados por rusos.

Querría abrigar la esperanza de que mi folleto ayudará a orientarse en el problema económico fundamental, sin cuyo estudio es imposible comprender nada cuando se trata de emitir un juicio sobre la guerra y la política actuales: el problema de la esencia económica del imperialismo.

El autor
PETROGRADO, 26 DE ABRIL DE 1917.

---

* Véase el presente tomo, pág. 63. (N. de la Edit.)

Prólogo a las ediciones francesa y alemana

I

Este folleto, como queda dicho en el prólogo de la edición rusa, fue escrito en 1916, teniendo en cuenta la censura zarista. Actualmente me es imposible rehacer todo el texto, trabajo que, por otra parte, puede que fuera inútil, ya que el fin principal del libro, hoy como ayer, consiste en ofrecer, con ayuda de los datos generales irrefutables de la estadística burguesa y de las declaraciones de los hombres de ciencia burgueses de todos los países, *un cuadro de conjunto* de la economía mundial capitalista en sus relaciones internacionales, a comienzos del siglo XX, en vísperas de la primera guerra imperialista mundial.

Hasta cierto punto será incluso útil a muchos comunistas de los países capitalistas avanzados persuadirse con el ejemplo de este folleto, *legal, desde el punto de vista de la censura zarista*, de que es posible —y necesario— aprovechar hasta esos pequeños resquicios de legalidad que todavía les quedan, por ejemplo, en la Norteamérica actual o en Francia, después del reciente encarcelamiento de casi todos los comunistas, para demostrar todo el embuste de las concepciones y de las esperanzas socialpacifistas en cuanto a la "democracia mundial". Intentaré dar en el presente prólogo los complementos más indispensables a este folleto que en tiempos hubo de pasar por la censura.

II

En el folleto se prueba que la guerra de 1914–1918 ha sido, de ambos lados, una guerra imperialista (esto es, una guerra de conquista, de bandidaje y de rapiña), una guerra por el reparto del mundo, por la partición y el nuevo reparto de las colonias, de las "esferas de influencia" del capital financiero, etc.

La prueba del verdadero carácter social o, mejor dicho, del verdadero carácter de clase de una guerra no se encontrará, claro está, en su historia diplomática, sino en el análisis de la situación *objetiva de las clases* dirigentes en *todas* las potencias beligerantes. Para reflejar esa situación objetiva no hay que tomar ejemplos y datos sueltos (dada la infinita complejidad de los fenómenos de la vida social, siempre se pueden encontrar los ejemplos o datos sueltos que se quiera, susceptibles de confirmar cualquier tesis), sino que es obligatorio tomar el *conjunto* de los datos sobre los *fundamentos* de la vida económica de *todas* las potencias beligerantes y del mundo *entero*.

Datos sumarios de esa clase, irrefutables, son los que utilizo al describir el modo como estaba *repartido el mundo* en 1876 y en 1914 (§ 6) y el reparto de los *ferrocarriles* en todo el globo en 1890 y en 1913 (§ 7). Los ferrocarriles constituyen el balance de las principales ramas de la industria capitalista, de la industria del carbón y del hierro; el balance y el índice más palmario del desarrollo del comercio mundial y de la civilización democrático-burguesa. En los capítulos precedentes señalamos la conexión de los ferrocarriles con la gran producción, con los monopolios, los sindicatos patronales, los cartels, los trusts, los bancos, la oligarquía financiera. La distribución de la red ferroviaria, la desigualdad de esa distribución y de su desarrollo, constituyen un exponente del capitalismo moderno, monopolista, en escala mundial. Y este exponente demuestra que las guerras imperialistas son absolutamente inevitables sobre *esta* base económica *en tanto* subsista la propiedad privada sobre los medios de producción.

La construcción de ferrocarriles es en apariencia una empresa simple, natural, democrática, cultural, civilizadora: así la presentan los profesores burgueses, pagados para embellecer la esclavitud capitalista, y los filisteos pequeñoburgueses. En realidad, los múltiples lazos capitalistas mediante los cuales esas empresas se hallan ligadas a la propiedad privada sobre los medios de producción en general, han transformado dicha construcción en un medio para oprimir *a mil millones* de seres (en las colonias y semicolonias), es decir, a más de la mitad de la población de la Tierra en los países dependientes y a los esclavos asalariados del capital en los países "civilizados".

La propiedad privada fundada en el trabajo del pequeño patrono, la libre competencia, la democracia, todas esas consignas por medio de las cuales los capitalistas y su prensa engañan a los obreros y a los campesinos, pertenecen a un pasado lejano. El capitalismo se ha transformado en un sistema universal de sojuzgamiento colonial y de estrangulación financiera de la inmensa mayoría de la población del planeta por un puñado de países "adelantados". El reparto de este "botín" se efectúa entre dos o tres potencias rapaces, y armadas hasta los dientes (Norteamérica, Inglaterra, el Japón), que dominan en el mundo y arrastran a su guerra, por el reparto de *su* botín, a todo el planeta.

III

La paz de Brest-Litovsk,[2] dictada por la Alemania monárquica, y luego la paz mucho más brutal e infame de Versalles,[3] impuesta por las repúblicas "democráticas" de Norteamérica y Francia y por la "libre" Inglaterra, han prestado un servicio extremadamente útil a la humanidad, al desenmascarar al mismo tiempo a los coolíes de la pluma a sueldo del imperialismo y a los filisteos reaccionarios —aunque se llamen pacifistas y socialistas—, que entonaban loas al "wilsonismo"[4] y trataban de hacer ver que la paz y las reformas son posibles bajo el imperialismo.

Decenas de millones de cadáveres y de mutilados, víctimas de la guerra —esa guerra que se hizo para decidir qué grupo de bandoleros financieros, el inglés o el alemán, había de recibir una mayor parte del botín—, y encima estos dos "tratados de paz" hacen abrir, con una rapidez desconocida hasta ahora, los ojos a millones y decenas de millones de hombres atemorizados, oprimidos, embaucados y engañados por la burguesía. A consecuencia de la ruina mundial, producto de la guerra, crece, pues, la crisis revolucionaria mundial, que, por largas y duras que sean las vicisitudes que atraviese, no podrá terminar sino con la revolución proletaria y su victoria.

El Manifiesto de Basilea de la II Internacional,[5] que en 1912 caracterizó precisamente la guerra iniciada en 1914 y no la guerra en general (no todas las guerras son iguales; hay también guerras revolucionarias), es ahora un monumento que denuncia toda la vergonzosa bancarrota, toda la apostasía de los héroes de la II Internacional.

Por eso incluyo ese Manifiesto como apéndice a la presente edición, advirtiendo una y otra vez a los lectores que los héroes de la II Internacional rehuyen todos los pasajes del Manifiesto que hablan precisa, clara y directamente de la relación entre esta precisa guerra que se avecinaba y la revolución proletaria, con el mismo empeño con que un ladrón evita el lugar donde cometió el robo.

IV

Hemos prestado en este libro una atención especial a la crítica del "kautskismo", esa corriente ideológica internacional que en todos los países del mundo representan los "teóricos más eminentes", los jefes de la II Internacional[6] (Otto Bauer y Cía, en Austria, Ramsay MacDonald y otros en Inglaterra, Alberto Thomas en Francia, etc., etc.) y un número infinito de socialistas, de reformistas, de pacifistas, de demócratas burgueses y de clérigos.

Esa corriente ideológica, de una parte, es el producto de la descomposición, de la putrefacción de la II Internacional y, de otra parte, es el fruto inevitable de la ideología de los pequeños burgueses, a quienes todo el ambiente los mantiene prisioneros de los prejuicios burgueses y democráticos.

En Kautsky y las gentes de su calaña, tales concepciones son precisamente la abjuración completa de los fundamentos revolucionarios del marxismo que ese autor defendió durante decenas de años, sobre todo, dicho sea de paso, en lucha contra el oportunismo socialista (de Bernstein, Millerand, Hyndman, Gompers, etc.). Por eso no es un hecho casual que los "kautskistas" de todo el mundo se hayan unido hoy, práctica y políticamente, a los oportunistas extremos (a través de la II Internacional o Internacional amarilla) y a los gobiernos burgueses (a través de los gobiernos de coalición burgueses con participación de los socialistas).

El movimiento proletario revolucionario en

general y el movimiento comunista en particular, que crecen en todo el mundo, no pueden prescindir de analizar y desenmascarar los errores teóricos del "kautskismo". Esto es tanto más necesario, cuanto que el pacifismo y la "democracia" en general —que no tienen las menores pretensiones de marxismo, pero que exactamente igual que Kautsky y Cía. disimulan la profundidad de las contradicciones del imperialismo y la ineluctabilidad de la crisis revolucionaria que éste engendra— son corrientes que se hallan todavía extraordinariamente extendidas en todo el mundo. La lucha contra tales tendencias es obligatoria para el partido del proletariado, el cual debe arrancar a la burguesía los pequeños propietarios que ella engaña y los millones de trabajadores cuyas condiciones de vida son más o menos pequeñoburguesas.

V

Es menester decir unas palabras a propósito del capítulo VIII, *El parasitismo y la descomposición del capitalismo*. Como lo hacemos constar ya en el libro, Hilferding, antiguo "marxista", actualmente compañero de armas de Kautsky y uno de los principales representantes de la política burguesa, reformista, en el seno del Partido Socialdemócrata Independiente de Alemania,[7] ha dado en este punto un paso atrás con respecto al inglés Hobson, pacifista y reformista *declarado*. La escisión internacional de todo el movimiento obrero se muestra ahora con toda nitidez (II y III Internacional).[8] La lucha armada y la guerra civil entre las dos tendencias es también un hecho evidente: en Rusia, apoyo a Kolchak y Denikin por los mencheviques y los "socialistas revolucionarios" contra los bolcheviques; en Alemania, los partidarios de Scheidemann, Noske y Cía. con la burguesía contra los espartaquistas;[9] y lo mismo en Finlandia, en Polonia, en Hungría, etc. ¿Dónde está la base económica de este fenómeno histórico universal?

Se encuentra precisamente en el parasitismo y en la descomposición del capitalismo, inherentes a su fase histórica superior, es decir, al imperialismo. Como lo demostramos en este folleto, el capitalismo ha desglosado ahora un *puñado* (menos de una décima parte de la población de la Tierra, menos de un quinto, calculando "por todo lo alto") de países particularmente ricos y poderosos, que con el simple "corte del cupón" saquean a todo el mundo. La exportación de capital da ingresos que se elevan a ocho o diez mil millones de francos anuales, de acuerdo con los precios de antes de la guerra y según las estadísticas burguesas de entonces. Naturalmente, ahora son mucho mayores.

Es evidente que tan gigantesca *superganancia* (ya que se obtiene por encima de la ganancia que los capitalistas exprimen a los obreros de su "propio" país) *permite corromper* a los dirigentes obreros y a la capa superior de la aristocracia obrera. Los capitalistas de los países "adelantados" los corrompen, y lo hacen de mil maneras, directas e indirectas, abiertas y ocultas.

Esa capa de obreros aburguesados o de "aristocracia obrera", enteramente pequeñoburgueses por su género de vida, por sus emolumentos y por toda su concepción del mundo, es el principal apoyo de la II Internacional, y, hoy día, el *principal apoyo social* (no militar) *de la burguesía*. Porque son verdaderos *agentes de la burguesía* en el seno del movimiento *obrero*, lugartenientes obreros de la clase de los capitalistas (*labour lieutenants of the capitalist class*), verdaderos vehículos del reformismo y del chovinismo. En la guerra civil entre el proletariado y la burguesía se colocan inevitablemente, en número considerable, al lado de la burguesía, al lado de los "versalleses"[10] contra los "comuneros".

Sin haber comprendido las raíces económicas de ese fenómeno, sin haber alcanzado a ver su importancia política y social, es imposible dar el menor paso hacia el cumplimiento de las tareas prácticas del movimiento comunista y de la revolución social que se avecina.

El imperialismo es la antesala de la revolución social del proletariado. Esto ha sido confirmado, en una escala mundial, en 1917.

N. Lenin
6 DE JULIO DE 1920.

EL IMPERIALISMO, FASE SUPERIOR DEL CAPITALISMO
Esbozo popular

Durante los últimos quince o veinte años, sobre todo después de la guerra hispano-americana (1898) y de la anglo-boer (1899–1902)[11], las publicaciones económicas, así como las políticas del Viejo y del Nuevo Mundo, utilizan cada vez más el concepto de "imperialismo" para caracterizar la época que atravesamos. En 1902 apareció en Londres y Nueva York la obra del economista inglés J.A. Hobson *El imperialismo.* El autor, que mantiene el punto de vista del socialreformismo y del pacifismo burgueses —punto de vista que coincide, en el fondo, con la posición actual del ex marxista C. Kautsky—, hace una descripción excelente y detallada de las particularidades económicas y políticas fundamentales del imperialismo. En 1910 se publicó en Viena la obra del marxista austríaco Rodolfo Hilferding *El capital financiero* (traducción rusa: Moscú, 1912). A pesar del error del autor en cuanto a la teoría del dinero y de cierta tendencia a conciliar el marxismo con el oportunismo, la obra mencionada constituye un análisis teórico extremadamente valioso de la "fase última de desarrollo del capitalismo" (tal es el subtítulo del libro de Hilferding). En el fondo, lo que se ha dicho acerca del imperialismo durante estos últimos años —sobre todo en el número inmenso de artículos sobre este tema publicados en periódicos y revistas, así como en las resoluciones tomadas, por ejemplo, en los Congresos de Chemnitz[12] y de Basilea, que se celebraron en otoño de 1912— apenas si rebasa el círculo de ideas expuestas o, para decirlo mejor, resumidas en los trabajos mencionados…

En las páginas que siguen trataremos de exponer someramente, en la forma más popular posible, los lazos y las relaciones recíprocas existentes entre las particularidades económicas *fundamentales* del imperialismo. No nos detendremos, por mucho que lo merezca, en el aspecto no económico del problema. Las referencias bibliográficas y otras notas que no a todos los lectores pueden interesar, las damos al final del libro.

I. LA CONCENTRACIÓN DE LA PRODUCCIÓN Y LOS MONOPOLIOS

El incremento enorme de la industria y el proceso notablemente rápido de concentración de la producción en empresas cada vez más grandes constituyen una de las particularidades más características del capitalismo. Los censos industriales modernos suministran los datos más completos y exactos sobre este proceso.

En Alemania, por ejemplo, de cada mil empresas industriales, en 1882, había tres empresas grandes, es decir, que contaban con más de cincuenta obreros asalariados; en 1895 eran seis, y en 1907, nueve. De cada cien obreros les correspondían, respectivamente, 22, 30 y 37. Pero la concentración de la producción es mucho más intensa que la de los obreros, pues el trabajo en las grandes empresas es mucho más productivo, como lo indican los datos relativos a las máquinas de vapor y a los motores eléctricos. Si tomamos lo que en Alemania se llama industria en el sentido amplio de esta palabra, es decir, incluyendo el comercio, las vías de comunicación, etc., obtendremos el cuadro siguiente: grandes empresas, 30 588 sobre un total de 3 265 623, es decir, solamente el 0,9 %. En ellas están empleados 5 700 000 obreros sobre un total de 14 400 000, es decir, el 39,4 %; caballos de fuerza de vapor, 6 600 000 sobre 8 800 000, es decir, el 75,3 %; fuerza eléctrica, 1 200 000 kilovatios sobre 1 500 000, o sea, el 77,2 %.

¡Menos de una centésima parte de las empresas tienen *más* de ¾ de la cantidad total de la fuerza motriz de vapor y eléctrica! ¡A los 2 970 000 pequeños establecimientos (hasta 5 obreros asalariados) que constituyen el 91 % de todas las empresas, corresponde únicamente el 7 % de la fuerza eléctrica y de vapor! Unas decenas de miles de grandes empresas lo son todo; los millones de pequeñas empresas no son nada.

En 1907 había en Alemania 586 establecimientos que contaban con 1 000 obreros y más. A esos establecimientos correspondía casi la *décima* parte (1 380 000) del número total de obreros y *casi el tercio* (32 %) del total de la fuerza eléctrica y de vapor.*
El capital monetario y los bancos, como veremos, hacen todavía más aplastante este predominio de un puñado de grandes empresas, y decimos aplastante en el sentido más literal de la palabra, es decir, que millones de pequeños, medios e incluso una parte de los grandes "patronos" se hallan de hecho completamente sometidos a unos pocos centenares de financieros millonarios.

En otro país avanzado del capitalismo contemporáneo, en los Estados Unidos de Norteamérica, el incremento de la concentración de la producción es todavía más intenso. En este país, la estadística toma aparte la industria en la acepción estrecha de la palabra y agrupa los establecimientos de acuerdo con el valor de la producción anual. En 1904 había 1 900 grandes empresas (sobre 216 180, es decir, el 0,9 %), con una producción de 1 millón de dólares y más; en ellas, el número de obreros era de 1 400 000 (sobre 5 500 000, es decir, el 25,6 %), y el valor de la producción ascendía a 5 600 millones (sobre 14 800 millones, o sea, el 38 %). Cinco años después, en 1909, las cifras correspondientes eran así: 3 060 empresas (sobre 268 491, es decir, el 1,1 %) con 2 millones de obreros (sobre 6 600 000, es decir, el 30,5 %) y 9 000 millones de producción anual (sobre 20 700 millones, o sea, el 43,8 %).†

¡Casi la mitad de la producción global de todas las empresas del país en las manos de *una centésima* parte del total de empresas! Y esas 3 000 empresas gigantescas abrazan 258 ramas industriales. De aquí se infiere claramente que la concentración, al llegar a un grado determinado de su desarrollo, puede decirse que conduce por sí misma de lleno al monopolio, ya que a unas cuantas decenas de empresas gigantescas les resulta fácil ponerse de acuerdo entre sí y, por otra parte, la competencia, que se hace cada vez más difícil, y la tendencia al monopolio nacen precisamente de las grandes proporciones de las empresas. Esta transformación de la competencia en monopolio constituye uno de los fenómenos más importantes —por no decir el más importante— de la economía del capitalismo de los últimos tiempos, y es necesario que nos detengamos a estudiarlo con mayor detalle. Pero antes debemos eliminar un equívoco posible.

La estadística norteamericana dice: 3 000 empresas gigantescas en 250 ramas industriales. Al parecer, corresponden tan sólo 12 grandes empresas a cada rama de la producción.

Pero no es así. No en cada rama de la industria hay grandes empresas; por otra parte, una particularidad extremadamente importante del capitalismo llegado a su más alto grado de desarrollo es la llamada *combinación*, o sea, la reunión en una sola empresa de distintas ramas de la industria que o bien representan fases sucesivas de la elaboración de una materia prima (por ejemplo, la fundición del mineral de hierro, la transformación del hierro colado en acero y, en ciertos casos, la producción de tales o cuales artículos de acero), o bien son ramas de las que unas desempeñan un papel auxiliar con relación a otras (por ejemplo, la utilización de los residuos o de los productos secundarios, producción de embalajes, etc.).

"La combinación —dice Hilferding— nivela las diferencias de coyuntura y garantiza, por tanto, a la empresa combinada una cuota de ganancia más estable. En segundo lugar, la combinación conduce a la eliminación del comercio. En tercer lugar, hace posible el perfeccionamiento técnico y, por consiguiente, la obtención de ganancias suplementarias en comparación con las empresas "simples" (es decir, no combinadas). En cuarto lugar, fortalece la posición de la empresa combinada en comparación con la "simple", la refuerza en la lucha de competencia durante las fuertes depresiones (estancamiento de los negocios, crisis), cuando los precios de las materias primas disminuyen en menos que los precios de los artículos manufacturados".‡

El economista burgués alemán Heymann, que ha consagrado una obra a las empresas "mixtas"

---

* Cifras del *Annalen des deutschen Reichs*, 1911, Zahn.

† *Statistical Abstract of the United States*, 1912, pág. 202.

‡ *El capital financiero*, ed. en ruso, págs. 286-287.

o combinadas en la industria siderúrgica alemana, dice: "Las empresas simples perecen, aplastadas por el precio elevado de los materiales y el bajo precio de los artículos manufacturados". Resulta lo siguiente:

"Por una parte, han quedado las grandes compañías hulleras, con una extracción de carbón que se cifra en varios millones de toneladas, sólidamente organizadas en su sindicato hullero; luego, estrechamente ligadas a ellas, las grandes fundiciones de acero con su sindicato. Estas empresas gigantescas, con una producción de acero de 400 000 toneladas al año, con una extracción enorme de mineral de hierro y de hulla, con su producción de artículos de acero, con 10 000 obreros alojados en los barracones de los poblados fabriles, que cuentan a veces con ferrocarriles y puertos propios, son los representantes típicos de la industria siderúrgica alemana. Y la concentración continúa avanzando sin cesar. Las distintas empresas van ganando en importancia cada día; cada vez es mayor el número de establecimientos de una o varias ramas de la industria que se agrupan en empresas gigantescas, apoyadas y dirigidas por media docena de grandes bancos berlineses. En lo que se refiere a la industria minera alemana, ha sido demostrada la exactitud de la doctrina de Carlos Marx sobre la concentración; es verdad que esto se refiere a un país en el que la industria se halla defendida por derechos arancelarios proteccionistas y por las tarifas de transporte. La industria minera de Alemania está madura para la expropiación".*

Tal es la conclusión a que hubo de llegar un economista burgués, concienzudo por excepción. Hay que observar que considera a Alemania un caso especial a consecuencia de la protección de su industria por elevadas tarifas arancelarias. Pero esta circunstancia no ha podido más que acelerar la concentración y la constitución de asociaciones monopolistas patronales, cartels, sindicatos, etc. Es de extraordinaria importancia hacer notar que en el país del librecambio, en Inglaterra, la concentración conduce *también* al monopolio, aunque algo más tarde y acaso en otra forma. He aquí lo que escribe el profesor Herman Levy en *Monopolios, cartels y trusts*, estudio especial hecho a base de los datos del desarrollo económico de la Gran Bretaña:

"En la Gran Bretaña son precisamente las grandes proporciones de las empresas y su elevado nivel técnico lo que trae aparejada la tendencia al monopolio. Por una parte, la concentración ha determinado el empleo de enormes capitales en las empresas; por eso, las nuevas empresas se hallan ante exigencias cada vez más elevadas en lo que concierne a la cuantía del capital necesario, y esta circunstancia dificulta su aparición. Pero, por otra parte (y este punto lo consideramos más importante), cada nueva empresa que quiere mantenerse al nivel de las empresas gigantescas, creadas por la concentración, representa un aumento tan enorme de la oferta de mercancías, que su venta lucrativa es posible sólo a condición de un aumento extraordinario de la demanda, pues, en caso contrario, esa abundancia de productos rebaja los precios a un nivel desventajoso para la nueva fábrica y para las asociaciones monopolistas". En Inglaterra, las asociaciones monopolistas de patronos, cartels y trusts, únicamente surgen, en la mayor parte de los casos —a diferencia de los otros países, en los que los aranceles proteccionistas facilitan la cartelización—, cuando el número de las principales empresas competidoras se reduce a "un par de docenas". "La influencia de la concentración sobre el nacimiento de los monopolios en la gran industria aparece en este caso con una claridad cristalina".†

Hace medio siglo, cuando Marx escribió *El Capital*, la libre competencia era para la mayor parte de los economistas una "ley natural". La ciencia oficial intentó aniquilar mediante la conspiración del silencio la obra de Marx, el cual había demostrado, con un análisis teórico e histórico del capitalismo, que la libre competencia engendra la concentración de la producción, y que dicha concentración, en un cierto grado de su desarrollo, conduce al monopolio. Ahora el monopolio es un hecho. Los economistas publican montañas de libros en los cuales describen las distintas manifestaciones del monopolio y siguen declarando a coro que "el marxismo ha sido refutado". Pero los hechos son testarudos —como afirma el dicho inglés— y de grado o por fuerza hay que tenerlos en cuenta. Los hechos demuestran que las dife-

---

* Hans Gideon Heymann. *Die gemischten Werke im deutschen Grosseisengewerbe,* Stuttgart, 1904, págs. 256 y 278–279.

† Herman Levy, *Monopole, Kartelle und Trusts,* Jena, 1909, págs. 286, 290, 298.

rencias entre los diversos países capitalistas, por ejemplo, en lo que se refiere al proteccionismo o al librecambio, traen aparejadas únicamente diferencias no esenciales en cuanto a la forma de los monopolios o al momento de su aparición, pero que la aparición del monopolio, debida a la concentración de la producción, es una ley general y fundamental de la presente fase de desarrollo del capitalismo.

Por lo que a Europa se refiere, se puede fijar con bastante exactitud el momento en que el nuevo capitalismo vino a sustituir *definitivamente* al viejo: a principios del siglo XX. En uno de los trabajos de recopilación más recientes sobre la historia de la "formación de los monopolios", leemos:

"Se pueden citar algunos ejemplos de monopolios capitalistas de la época anterior a 1860; se pueden descubrir en ellos los gérmenes de las formas que son tan corrientes en la actualidad; pero todo eso constituye indiscutiblemente la época prehistórica de los cartels. El verdadero comienzo de los monopolios contemporáneos lo hallamos, todo lo más, en la década de 1860. El primer gran período de desarrollo de los monopolios empieza con la depresión internacional de la industria en la década del 70, y se prolonga hasta principios de la última década del siglo". "Si se examina la cuestión en lo que se refiere a Europa, la libre competencia alcanza el punto culminante de desarrollo en los años del 60 al 70. Por aquel entonces, Inglaterra terminaba de levantar su organización capitalista de viejo estilo. En Alemania, dicha organización entablaba una lucha decidida contra la industria artesana y doméstica, y empezaba a crear sus propias formas de existencia".

"Empieza una transformación profunda con el crac de 1873, o más exactamente, con la depresión que le siguió y que —con una pausa apenas perceptible, a principios de la década del 80, y con un auge extraordinariamente vigoroso, pero breve, hacia 1889— llena veintidós años de la historia económica europea". "Durante el corto período de auge de 1889 y 1890 fueron utilizados en gran escala los cartels para aprovechar la coyuntura. Una política irreflexiva elevaba los precios con mayor rapidez y en mayores proporciones todavía de lo que hubiera sucedido sin los cartels, y casi todos esos cartels perecieron sin gloria enterrados "en la fosa del crac". Transcurrieron otros cinco años de malos negocios y precios bajos, pero en la industria no reinaba ya el estado de espíritu de antes: la depresión no era considerada ya una cosa natural, sino, sencillamente, una pausa ante una nueva coyuntura favorable.

"Y el movimiento de los cartels entró en su segunda época. En vez de ser un fenómeno pasajero, los cartels se convierten en una de las bases de toda la vida económica, conquistan una esfera industrial tras otra, y, en primer lugar, la de la transformación de materias primas. A principios de la década del 90, los cartels consiguieron ya en la organización del sindicato del coque, el que sirvió de modelo al sindicato hullero, una técnica tal en la materia que en esencia no ha sido sobrepasada. El gran auge de fines del siglo XIX y la crisis de 1900 a 1903 transcurren ya enteramente por primera vez —al menos en lo que se refiere a las industrias minera y siderúrgica— bajo el signo de los cartels. Y si entonces esto parecía aún algo nuevo, ahora es una verdad evidente para la opinión pública que grandes sectores de la vida económica son, por regla general, sustraídos a la libre competencia".*

Así, pues, el resumen de la historia de los monopolios es el siguiente: 1) Décadas del 60 y 70, punto culminante de desarrollo de la libre competencia. Los monopolios no constituyen más que gérmenes apenas perceptibles. 2) Después de la crisis de 1873, largo período de desarrollo de los cartels, los cuales sólo constituyen todavía una excepción, no son aún sólidos, aún representan un fenómeno pasajero. 3) Auge de fines del siglo XIX y crisis de 1900 a 1903: los cartels se convierten en una de las bases de toda la vida económica. El capitalismo se ha transformado en imperialismo.

Los cartels convienen entre sí las condiciones de venta, los plazos de pago, etc. Se reparten los mercados de venta. Fijan la cantidad de productos a fabricar. Establecen los precios. Distribuyen las ganancias entre las distintas empresas, etc.

El número de cartels era en Alemania aproximadamente de 250 en 1896, y de 385 en 1905 abar-

---

* Th. Vogelstein. *Die finanzielle Organisation der kapitalistischen Industrie und die Monopolbildungen,* en *Grundriss der Sozialökonomik,* VI Abt., Tüb., 1914. Véase asimismo la obra del mismo autor *Organisationsformen der Eisenindustrie und Textilindustrie in England und Amerika,* Bd. I, Leipzig. 1910.

cando cerca de 12 000 establecimientos.* Pero todo el mundo reconoce que estas cifras son inferiores a la realidad. De los datos de la estadística de la industria alemana de 1907 que hemos citado más arriba se deduce que incluso esos 12 000 grandes establecimientos concentran seguramente más de la mitad de toda la fuerza motriz de vapor y eléctrica. En los Estados Unidos de América del Norte, el número de trusts era en 1900 de 185; en 1907 era de 250. La estadística norteamericana divide todas las empresas industriales en empresas pertenecientes a personas, a sociedades y a corporaciones. A estas últimas pertenecían, en 1904, el 23,6 %, y en 1909, el 25,9 %, es decir, más de la cuarta parte del total de las empresas. En dichos establecimientos estaban ocupados en 1904 el 70,6 % de obreros, y en 1909 el 75,6 %, es decir, las tres cuartas partes del total. La cuantía de la producción era, respectivamente, de 10 900 y de 16 300 millones de dólares, o sea, el 73,7 % y el 79 % de la suma total.

En las manos de los cartels y trusts se concentran a menudo las siete o las ocho décimas partes de toda la producción de una rama industrial determinada. El sindicato hullero del Rin y Westfalia, en el momento de su constitución, en 1893, concentraba el 86,7 % de toda la producción del carbón de aquella cuenca y en 1910 disponía ya del 95,4 %.† El monopolio así constituido garantiza beneficios gigantescos y conduce a la creación de unidades técnicas de producción de proporciones inmensas. El famoso trust del petróleo de los Estados Unidos (*Standard Oil Company*) fue fundado en 1900. "Su capital era de 150 millones de dólares. Fueron emitidas acciones ordinarias por valor de 100 millones de dólares y acciones privilegiadas por valor de 106 millones de dólares. Estas últimas percibieron los siguientes dividendos en el período de 1900 a 1907: 48, 48, 45, 44, 36, 40, 40 y 40 %, con un total de 367 millones de dólares. De 1882 a 1907 obtuviéronse 889 millones de dólares de beneficio neto, de los cuales 606 millones fueron distribuidos en concepto de dividendos, y el resto pasó al capital de reserva".‡ "En todas las empresas del trust del acero (*United States Steel Corporation*) había ocupados en 1907, por lo menos, 210 180 obreros y empleados. La empresa más importante de la industria minera alemana, la Sociedad Minera de Gelsenkirchen (*Gelsenkirchener Bergwerksgesellschaft*) daba trabajo en 1908 a 46 048 obreros y empleados".§ En 1902, el trust del acero obtenía ya 9 millones de toneladas de acero.¶ Su producción constituía en 1901 el 66,3 %, y en 1908 el 56,1 % de toda la producción de acero de los Estados Unidos.** Su extracción de mineral de hierro, el 43,9 % y el 46,3 % respectivamente.

El informe de una comisión gubernamental norteamericana sobre los trusts dice: "La superioridad de los trusts sobre sus competidores se basa en las grandes proporciones de sus empresas y en su excelente instalación técnica. El trust del tabaco, desde el momento mismo de su fundación, consagró por entero sus esfuerzos a sustituir en todas partes en vasta escala el trabajo manual por el trabajo mecánico. Con este objeto adquirió todas las patentes que tuvieran una relación cualquiera con la elaboración del tabaco, invirtiendo en ello sumas enormes. Muchas patentes resultaron al principio inservibles y tuvieron que ser modificadas por los ingenieros que se hallaban al servicio del trust. A fines de 1906 fueron constituidas dos sociedades filiales con el único objeto de adquirir patentes. Con este mismo fin, el trust montó sus fundiciones, sus fábricas de maquinaria y sus talleres de reparación. Uno de dichos establecimientos, el de Brooklyn, da ocupación, por término medio, a 300 obreros; en él se prueban y se perfeccionan los inventos relacionados con la producción de cigarrillos, cigarros pequeños, rapé, papel de estaño para el empaquetado, cajas, etc.".†† "Hay otros trusts

---

* Dr. Riesser. *Die deutschen Grossbanken und ihre Konzentration im Zusammenhange mit der Entwicklung der Gesamtwirtschaft in Deutschland*, 4ª ed., 1912, pág. 149. —R. Liefmann. *Kartelle und Trusts und die Weiterbildung der Volkswirtschaftlichen Organisation*, 2ª ed., 1910, pág. 25.

† Dr. Fritz Kestner. *Der Organisationszwang. Eine Untersuchung über die Kämpfe zwischen Kartellen und Aussenseitern*, Berlín, 1912, pág. 11.

‡ R. Liefmann. *Beteiligungs-und Finanzierungsgesellschaften, Eine Studie über den modernen Kapitalismus und das Effektenwesen*, 1ª ed., Jena, 1909, pág. 212.

§ Ibid., pág. 218.

¶ Dr. S. Tschierschky. *Kartell und Trust*, Gött., 1903, pág. 13.

** Th. Vogelstein. *Organisationsformen*, pág. 275.

†† *Report of the commissioner of Corporations on the Tobacco Industry*, Washington, 1909, pág. 266. Tomado del libro del Dr. Paul Tafel *Die nordamerikanischen Trusts und ihre Wirkungen auf den Fortschritt der Technik*, Stuttgart, 1913, pág. 48.

que tienen a su servicio a los llamados *developing engineers* (ingenieros para el fomento de la técnica), y cuya misión consiste en inventar nuevos procedimientos de la producción y experimentar las innovaciones técnicas. El trust del acero abona a sus ingenieros y obreros primas importantes por los inventos susceptibles de elevar la técnica o reducir los gastos".*

Del mismo modo está organizado todo cuanto se refiere a los perfeccionamientos técnicos en la gran industria alemana, por ejemplo, en la industria química, que en tan gigantescas proporciones se ha desarrollado durante estos últimos decenios. El proceso de concentración de la producción había dado origen ya en 1908 en dicha industria a dos "grupos" principales, que, a su manera, fueron evolucionando hacia el monopolio. Al principio, esos grupos constituían "alianzas dobles" de dos pares de grandes fábricas con un capital de 20 a 21 millones de marcos cada una: de una parte, la antigua fábrica de Meister, en Hochst, y la de Cassella, en Francfort del Meno; de otra parte, la fábrica de anilina y sosa de Ludwigshafen y la antigua fábrica de Bayer, en Elberfeld. Uno de los grupos en 1905 y el otro en 1908 concluyeron sendos acuerdos, cada uno por su cuenta, con otra gran fábrica, a consecuencia de lo cual resultaron dos "alianzas triples" con un capital de 40 a 50 millones de marcos cada una, entre las cuales se inició ya una "aproximación", se estipularon "convenios" sobre los precios, etc.†

La competencia se convierte en monopolio. De ahí resulta un gigantesco progreso de socialización de la producción. Se socializa también, en particular, el proceso de los inventos y perfeccionamientos técnicos.

Esto no tiene ya nada que ver con la antigua libre competencia de patronos dispersos, que no se conocían y que producían para un mercado ignorado. La concentración ha llegado a tal punto, que se puede hacer un inventario aproximado de todas las fuentes de materias primas (por ejemplo, yacimientos de minerales de hierro) de un país, y aun, como veremos, de varios países y de todo el mundo. No sólo se realiza este cálculo, sino que asociaciones monopolistas gigantescas se apoderan de dichas fuentes. Se efectúa el cálculo aproximado de la capacidad del mercado, que las asociaciones mencionadas se "reparten" por contrato. Se monopoliza la mano de obra capacitada, se contratan los mejores ingenieros, y las vías y los medios de comunicación —las líneas férreas en América y las compañías navieras en Europa y América— van a parar a manos de los monopolios. El capitalismo, en su fase imperialista, conduce de lleno a la socialización de la producción en sus más variados aspectos; arrastra, por decirlo así, a los capitalistas, en contra de su voluntad y conciencia, a un cierto nuevo régimen social, de transición entre la absoluta libertad de competencia y la socialización completa.

La producción pasa a ser social, pero la apropiación continúa siendo privada. Los medios sociales de producción siguen siendo propiedad privada de un reducido número de individuos. Se conserva el marco general de la libre competencia formalmente reconocida, y el yugo de unos cuantos monopolistas sobre el resto de la población se hace cien veces más duro, más sensible, más insoportable.

El economista alemán Kestner ha consagrado una obra especial a la "lucha entre los cartels y los *outsiders*", es decir, los patronos que no forman parte de los cartels. La ha titulado *La organización forzosa*, cuando hubiera debido hablar, naturalmente, para no embellecer el capitalismo, de la subordinación forzosa a las asociaciones monopolistas. Es instructivo echar una simple ojeada aunque no sea más que a la enumeración de los medios a que recurren dichas asociaciones en la lucha moderna, actual, civilizada por la "organización": 1) privación de materias primas ("… uno de los procedimientos más importantes para obligar a entrar en el cartel"); 2) privación de mano de obra mediante "alianzas" (es decir, mediante acuerdos entre los capitalistas y los sindicatos obreros para que estos últimos acepten trabajo solamente en las empresas cartelizadas); 3) privación de medios de transporte; 4) privación de posibilidades de venta; 5) acuerdo con los compradores para sostener relaciones comerciales únicamente con los cartels; 6 disminución sistemática de los precios

---

* Ibid., págs. 48–49.

† Riesser. Obra cit., págs. 547 y siguientes de la 3ª edición. Los periódicos dan cuenta (junio de 1916) de la constitución de un nuevo trust gigantesco de la industria química de Alemania.

(con objeto de arruinar a los *outsiders,* es decir, a las empresas que no se someten a los monopolistas, durante un tiempo determinado se gastan millones para vender a precios inferiores al coste: en la industria de la gasolina se han dado casos de bajar el precio de 40 a 22 marcos, es decir, ¡casi a la mitad!); 7) privación de créditos; 8) declaración del boicot.

Nos hallamos en presencia, no ya de la lucha competitiva entre grandes y pequeñas empresas, entre establecimientos técnicamente atrasados y establecimientos de técnica avanzada. Nos hallamos ante la estrangulación por los monopolistas de todos aquellos que no se someten al monopolio, a su yugo, a su arbitrariedad. He aquí cómo se refleja este proceso en la conciencia de un economista burgués:

"Incluso en el terreno de la actividad puramente económica —escribe Kestner—, se produce cierto desplazamiento de la actividad comercial, en el sentido anterior de la palabra, hacia una actividad organizadora especulativa. Consigue los mayores éxitos no el comerciante, que valiéndose de su experiencia técnica y comercial sabe determinar mejor las necesidades del comprador, encontrar y, por decirlo así, "descubrir" la demanda que se halla en estado latente, sino el genio especulativo (?!) que por anticipado sabe tener en cuenta o intuir al menos el desenvolvimiento en el terreno de la organización, la posibilidad de que se establezcan determinados lazos entre las diferentes empresas y los bancos…"

Traducido al lenguaje común, esto significa: el desarrollo del capitalismo ha llegado a un punto tal, que, aunque la producción mercantil sigue "reinando" como antes y es considerada la base de toda la economía, en realidad se halla ya quebrantada, y las ganancias principales van a parar a los "genios" de las maquinaciones financieras. Estas maquinaciones y estos chanchullos tienen su asiento en la socialización de la producción; pero el inmenso progreso de la humanidad, que ha llegado a esa socialización, beneficia… a los especuladores. Más adelante veremos cómo, "basándose en esto", la crítica pequeñoburguesa y reaccionaria del imperialismo capitalista sueña con volver *atrás,* a la competencia "libre", "pacífica" y "honrada".

"Hasta ahora, la subida persistente de los precios como resultado de la constitución de los cartels —dice Kestner— sólo se ha observado en los principales medios de producción, sobre todo en la hulla, el hierro y la potasa; por el contrario, no se ha observado nunca en los artículos manufacturados. El aumento de los beneficios motivado por ese fenómeno se ve igualmente limitado a la industria de los medios de producción. Hay que completar esta observación con la de que la industria de transformación de las materias primas (y no de productos semimanufacturados) no sólo obtiene de la constitución de cartels ventajas en forma de las ganancias elevadas, en perjuicio de la industria dedicada a la transformación ulterior de los productos semimanufacturados, sino que ha pasado a mantener, con respecto a esta última, *relaciones de dominación* que no existían bajo la libre competencia".*

Las palabras que nosotros subrayamos muestran el fondo del asunto, que de tan mala gana y sólo de vez en cuando reconocen los economistas burgueses y que tanto se empeñan en no ver y pasar por alto los defensores actuales del oportunismo, con Kautsky al frente. Las relaciones de dominación y la violencia ligada a dicha dominación: he ahí lo típico en la "fase contemporánea de desarrollo del capitalismo", he ahí lo que inevitablemente tenía que derivarse y se ha derivado de la constitución de los todopoderosos monopolios económicos.

Citemos otro ejemplo de la dominación de los cartels. Allí donde es posible apoderarse de todas o de las más importantes fuentes de materias primas, la aparición de cartels y la constitución de monopolios es particularmente fácil. Pero sería un error pensar que los monopolios no surgen también en otras industrias, en las que la conquista de las fuentes de materias primas es imposible. La industria del cemento encuentra materia prima en todas partes. Sin embargo, también esta industria está muy cartelizada en Alemania. Las fábricas se han agrupado en sindicatos regionales: el de Alemania del Sur, el renanowestfaliano, etc. Rigen unos precios de monopolio: ¡de 230 a 280 marcos el vagón, cuando el coste de producción es de 180 marcos! Las empresas proporcionan dividendos del 12 al 16 %; no hay que olvidar tampoco que los "genios" de la especulación contemporánea saben canalizar hacia sus bolsillos grandes ganan-

---
* Kestner. Obra cit., pág. 254.

cias, aparte de las que se reparten en concepto de dividendo. Para eliminar la competencia en una industria tan lucrativa, los monopolistas se valen incluso de artimañas diversas: hacen circular rumores falsos sobre la mala situación de la industria; publican en los periódicos anuncios anónimos: "Capitalistas: ¡No coloquéis vuestros capitales en la industria del cemento!"; por último, compran empresas *outsiders* (es decir, que no forman parte de los sindicatos) abonando 60, 80 y 150 mil marcos de "indemnización".* El monopolio se abre camino en todas partes, valiéndose de todos los medios, empezando por el pago de una "modesta" indemnización y terminando por el "procedimiento" norteamericano del empleo de la dinamita contra el competidor.

La supresión de las crisis por los cartels es una fábula de los economistas burgueses, los cuales ponen todo su empeño en embellecer el capitalismo. Al contrario, el monopolio que se crea en *varias* ramas de la industria aumenta y agrava el caos propio de *toda* la producción capitalista en su conjunto. Se acentúa aún más la desproporción entre el desarrollo de la agricultura y el de la industria, desproporción que es característica del capitalismo en general. La situación de privilegio en que se halla la industria más cartelizada, lo que se llama industria *pesada*, particularmente la hulla y el hierro, determinan en las demás ramas de la industria "la falta mayor aún de coordinación", como lo reconoce Jeidels, autor de uno de los mejores trabajos sobre "las relaciones entre los grandes bancos alemanes y la industria".†

"Cuanto más desarrollada está la economía nacional —escribe Liefmann, un defensor desfachatado del capitalismo— tanto más se entrega a empresas arriesgadas o enclavadas en el extranjero, a empresas que exigen largo tiempo para su desarrollo o, finalmente, a las que sólo tienen una importancia local".‡ El aumento del riesgo va unido, al fin y al cabo, al aumento gigantesco de capital, el cual, por decirlo así, rebosa y se vierte hacia el extranjero, etc. Y junto a ello, los progresos extremadamente rápidos de la técnica traen aparejados consigo cada vez más elementos de desproporción entre las distintas partes de la economía nacional, elementos de caos y de crisis. "Probablemente —se ve obligado a reconocer el mismo Liefmann—, la humanidad asistirá en un futuro próximo a nuevas y grandes revoluciones en el terreno de la técnica, que harán sentir también sus efectos sobre la organización de la economía nacional" … la electricidad, la navegación aérea… "Habitualmente, y por regla general, en estos períodos de radicales transformaciones económicas se desarrolla una fuerte especulación…"§

Y las crisis —las crisis de toda clase, sobre todo las económicas, pero no sólo éstas— aumentan a su vez en proporciones enormes la tendencia a la concentración y al monopolio. He aquí unas reflexiones extraordinariamente instructivas de Jeidels sobre la significación de la crisis de 1900, la cual, como sabemos, fue un punto crucial en la historia de los monopolios modernos:

"La crisis de 1900 se produjo en un momento en que, al lado de gigantescas empresas en las ramas principales de la industria, existían todavía muchos establecimientos con una organización anticuada, según el criterio actual establecimientos "simples"" (esto es, no combinados), "que se habían elevado sobre la oleada del auge industrial. La baja de los precios y la disminución de la demanda llevaron a esas empresas "simples" a una situación calamitosa que o no conocieron en absoluto las gigantescas empresas combinadas o que sólo conocieron durante un brevísimo período. Como consecuencia de esto, la crisis de 1900 determinó la concentración de la industria en proporciones incomparablemente mayores que la de 1873, la cual había efectuado también una cierta selección de las mejores empresas, aunque, dado el nivel técnico de entonces, esta selección no pudo conducir al monopolio de las empresas que habían sabido salir victoriosas de la crisis. Precisamente de ese monopolio persistente, y además en un alto grado, gozan las gigantescas empresas de las industrias siderúrgica y eléctrica actuales, gracias a su equipo técnico, muy complejo, a su extensa organización y a la potencia de su capital, y luego, en menor

---

* L. Eschwege. *Zement, en Die Bank*[13], 1909, 1, págs. 115 y siguientes.

† Jeidels, *Das Verhältnis der deutschen Grossbanken zur Industrie mit besonderer Berücksichtigung der Eisenindustrie*, Leipzig. 1905, pág. 271.

‡ Liefmann. *Beteiligungs— etc. Ges.*, pág. 434.

§ Ibid., págs. 465–466.

grado, también las empresas de construcción de maquinaria, de determinadas ramas de la industria metalúrgica, de las vías de comunicación, etc."*

El monopolio es la última palabra de la "fase contemporánea de desarrollo del capitalismo". Pero nuestro concepto de la fuerza efectiva y de la significación de los monopolios actuales sería en extremo insuficiente, incompleto, reducido, si no tomáramos en consideración el papel de los bancos.

II. LOS BANCOS Y SU NUEVO PAPEL

La operación fundamental e inicial que los bancos realizan es la de intermediarios en los pagos. Debido a ello, los bancos convierten el capital monetario inactivo en activo, esto es, en capital que rinde beneficio; reúnen toda clase de ingresos metálicos y los ponen a disposición de la clase capitalista.

A medida que van aumentando las operaciones bancarias y que se concentran en un número reducido de establecimientos, de modestos intermediarios que eran antes se convierten los bancos en monopolistas omnipotentes, que disponen de casi todo el capital monetario de todos los capitalistas y pequeños patronos, así como de la mayor parte de los medios de producción y de las fuentes de materias primas de uno o de muchos países. Esta transformación de los numerosos y modestos intermediarios en un puñado de monopolistas constituye uno de los procesos fundamentales del transcrecimiento del capitalismo en imperialismo capitalista, y por esto debemos detenernos, en primer término, en la concentración bancaria.

En el ejercicio de 1907–1908, los depósitos de todos los bancos anónimos de Alemania que poseían un capital de más de un millón de marcos eran de 7 000 millones de marcos; en el ejercicio de 1912–1913 habían ascendido a 9 800 millones. Un aumento de un 40 % en cinco años, con la particularidad de que de esos 2 800 millones de aumento, 2 750 millones correspondían a 57 bancos con un capital de más de 10 millones de marcos. La distribución de los depósitos entre los bancos grandes y pequeños era la siguiente:†

Tanto por ciento de todos los depósitos

Ejercicios	En los 9 grandes bancos berlineses	En los 48 bancos restantes con un capital de más de 10 millones de marcos	En los 115 bancos con un capital de 1 a 10 millones	En los bancos pequeños (con menos de 1 millón)
1907/8	47	32,5	16,5	4
1912/13	49	36	12	3

Los bancos pequeños van siendo desplazados por los grandes, nueve de los cuales concentran casi la mitad de todos los depósitos. Pero aquí no se tiene todavía mucho en cuenta, por ejemplo, la transformación de numerosos bancos pequeños en simples sucursales de los grandes, etc., de lo cual trataremos más adelante.

A fines de 1913, Schulze-Gaevernitz fijaba los depósitos de los nueve grandes bancos berlineses en 5 100 millones de marcos sobre un total de cerca de 10 000 millones. Tomando en consideración no sólo los depósitos, sino todo el capital bancario, ese mismo autor escribía: "A fines de 1909, los nueve grandes bancos berlineses, *contando los bancos adheridos a ellos*, manejaban 11 300 millones de marcos, esto es, cerca del 83 % de todo el capital bancario alemán. El Banco Alemán (*Deutsche Bank*), que maneja, *contando los bancos a él adheridos*, cerca de 3 000 millones de marcos, representa, al lado de la administración prusiana de las líneas férreas del Estado, la aglomeración de capital más considerable del Viejo Mundo, con la particularidad de estar en alto grado descentralizada".‡

Hemos subrayado la indicación relativa a los bancos "adheridos" porque se refiere a una de las características más importantes de la concentración capitalista moderna. Los grandes establecimientos, particularmente los bancos, no sólo absorben directamente a los pequeños, sino que se los "incorporan", los subordinan, los incluyen en "su" grupo, en su consorcio —según el término técnico— por medio de la "participación" en su capital, de la compra o del cambio de acciones, del sistema de créditos, etc., etc. El profesor Liefmann ha consagrado todo un voluminoso "trabajo" de medio millar de páginas a la descripción de las "sociedades de participación y

---

* Jeidels. Obra cit., pág. 108.

† Alfredo Lansburgh. *Fünf Jahre d. Bankwesen, Die Bank*, 1913. N° 8, Pág. 728.

‡ Schulze-Gaevernitz. *Die deutsche Kreditbank*, en *Grundriss der Sozialökonomik*, Tüb., 1915, págs. 12 y 137.

financiación" contemporáneas,* pero, por desgracia, adobando con razonamientos "teóricos" de calidad más que inferior un material en bruto, a menudo mal digerido. La consecuencia de este sistema de "participación", desde el punto de vista de la concentración, la muestra mejor que ninguna otra la obra del señor Riesser, "personalidad" del mundo de las finanzas sobre los grandes bancos alemanes. Pero antes de examinar sus datos expondremos un ejemplo concreto del sistema de "participación".

El "grupo" del Banco Alemán es uno de los más importantes, por no decir el más importante, de los grupos de grandes bancos. Para darse cuenta de los hilos principales que ligan entre sí a todos los bancos del grupo mencionado, hay que distinguir la "participación" de primero, segundo y tercer grado, o, lo que es lo mismo, la dependencia (de los bancos más pequeños con respecto al Banco Alemán) de primero, segundo y tercer grado. Resulta lo siguiente:†

		Dependencia de primer grado	Dependencia de segundo grado	Dependencia de tercer grado
El Banco Alemán participa	de un modo permanente	en 17 bancos	de los cuales 9 participan en 34	de los cuales 4 participan en 7
	durante un tiempo indeterminado	en 5 bancos	—	—
	de vez en cuando	en 8 bancos	de los cuales 5 participan en 14	de los cuales 2 participan en 2
	Total	en 30 bancos	de los cuales 14 participan en 48	de los cuales 6 participan en 9

Entre los ocho bancos de "dependencia de primer grado", subordinados al Banco Alemán "de vez en cuando", figuran tres bancos extranjeros: uno austríaco (la Sociedad Bancaria —Bankver-

---

* R. Liefmann. *Beteiligungs- und Finanzierungsgesellschaften. Eine Studie über den modernen Kapitalismus und das Effektenwesen*, 1ª ed., Jena, 1909, pág. 212.

† Alfredo Lansburgh. *Das Beteiligungssystem im deutschen Bankwesen, Die Bank*. 1910, 1, pág. 500.

ein— de Viena) y dos rusos (el Banco Comercial Siberiano —*Sibirski Torgovi Bank*— y el Banco Ruso de Comercio Exterior —*Russki Bank dlia Vneshnei Torgovli*—). En total forman parte del grupo del Banco Alemán, directa o indirectamente, parcial o totalmente, 87 bancos, y el capital total, propio o ajeno, que maneja el grupo se calcula en dos o tres mil millones de marcos.

Es evidente que un banco que se halla al frente de un grupo tal y que se pone de acuerdo con media docena de otros bancos, casi tan importantes como él, para operaciones financieras singularmente grandes y lucrativas, tales como los empréstitos públicos, ha dejado ya de ser un "intermediario" para convertirse en la alianza de un puñado de monopolistas.

Los datos de Riesser, que en forma abreviada aducimos a continuación, muestran la rapidez con que a fines del siglo XIX y principios del XX se ha efectuado la concentración bancaria en Alemania:

Seis grandes bancos berlineses tenían

Años	Sucursales en Alemania	Cajas de depósito y oficinas de cambio	Participación permanente en bancos anónimos alemanes	Total de establecimientos
1895	16	14	1	42
1900	21	40	8	80
1911	104	276	63	450

Estos datos nos permiten ver la rapidez con que crece la espesa red de canales que abrazan a todo el país, que centralizan todos los capitales e ingresos monetarios, que convierten a millares y millares de empresas dispersas en una empresa capitalista única, nacional en un principio y mundial después. La "descentralización" de que en el pasaje que hemos reproducido más arriba hablaba Schulze-Gaevernitz en nombre de la economía política burguesa de nuestros días, consiste, en realidad, en la subordinación a un centro único de un número cada día mayor de unidades económicas que antes eran relativamente "independientes", o para ser más exactos, que tenían un carácter estrictamente local. Se trata, pues, en efecto, de una *centralización*, de un reforzamiento del papel, la importancia y el poder de los gigantes monopolistas.

En los países capitalistas más viejos, dicha "red bancaria" es todavía más espesa. En Inglaterra (comprendida Irlanda), en 1910 el número de sucursales de todos los bancos era de 7 151. Cuatro grandes bancos contaban con más de 400 sucursales cada uno (de 447 a 689); seguían otros cuatro, con más de 200, y 11 con más de 100 cada uno.

En Francia, los *tres* bancos más importantes: el *Crédit Lyonnais,* el *Comptoir National* y la *Société Générale* han ampliado sus operaciones y la red de sus sucursales del modo siguiente:*

Años	Número de sucursales y de cajas			Capitales (en millones de francos)	
	En provincia	En París	Total	Propios	Ajenos
1870	47	17	64	200	427
1890	192	66	258	265	1 245
1909	1 033	196	1 229	887	4 363

Para caracterizar las "relaciones" de un gran banco moderno, Riesser suministra datos sobre el número de cartas enviadas y recibidas por la Sociedad de Descuento *(Disconto-Gesellschaft),* uno de los bancos más importantes de Alemania y de todo el mundo (su capital ascendía en 1914 a 300 millones de marcos):

Años	Número de cartas recibidas	Número de cartas remitidas
1852	6 135	6 292
1870	85 800	87 513
1900	533 102	626 043

En el gran banco parisién *Crédit Lyonnais,* el número de cuentas corrientes, que en 1875 era de 28 535, pasó en 1912† a 633 539.

Estas simples cifras muestran, quizá con mayor evidencia que largos razonamientos, cómo la concentración del capital y el aumento del giro de los bancos transforman radicalmente la importancia de estos últimos. Los capitalistas dispersos vienen a formar un capitalista colectivo. Al llevar una cuenta corriente para varios capitalistas, el banco realiza, al parecer, una operación puramente técnica, únicamente auxiliar. Pero cuando esta operación crece hasta alcanzar proporciones gigantescas, resulta que un puñado de monopolistas subordina las operaciones comerciales e industriales de toda la sociedad capitalista, colocándose en condiciones —por medio de sus relaciones bancarias, de las cuentas corrientes y otras operaciones financieras—, primero, de *conocer con exactitud* la situación de los distintos capitalistas, después, de *controlarlos,* de ejercer influencia sobre ellos mediante la ampliación o la restricción del crédito, facilitándolo o dificultándolo y, finalmente, de *decidir enteramente* su destino, de determinar su rentabilidad, de privarles de capital o de permitirles acrecentarlo rápidamente y en proporciones inmensas, etc.

Acabamos de aludir al capital de 300 millones de marcos de la Sociedad de Descuento de Berlín. Este aumento del capital de dicha sociedad fue uno de los episodios de la lucha por la hegemonía entre los dos bancos berlineses más importantes: el Banco Alemán y la Sociedad de Descuento. En 1870, el primero, que entonces acababa de salir a la palestra, no contaba más que con un capital de 15 millones, mientras que el del segundo se elevaba a 30 millones. En 1908, el primero tenía un capital de 200 millones; el del segundo era de 170 millones. En 1914, el primero elevó su capital a 250 millones; el segundo, mediante la fusión con otro banco importantísimo, la Alianza Bancaria Schaffhausen, a 300 millones. Y naturalmente, esta lucha por la hegemonía se desarrolla paralelamente a los "acuerdos" cada vez más frecuentes y más sólidos, entre los dos bancos. He aquí a qué conclusiones hace llegar este desenvolvimiento de los bancos a especialistas en cuestiones bancarias que examinan los problemas económicos desde un punto de vista que no rebasa, ni mucho menos, los límites del reformismo burgués más moderado y circunspecto:

"Los demás bancos seguirán el mismo camino —decía la revista alemana *Die Bank* con motivo de la elevación del capital de la Sociedad de Descuento a 300 millones—, y las trescientas personas que en el momento actual rigen los destinos

---

* Eugen Kaufmann. *Das französische Bankwesen,* Tüb., 1911, Págs. 356 y 362.

† Jean Lescure. *L'épargne en France,* París, 1914, pág. 52.

económicos de Alemania se verán reducidas con el tiempo a 50, 25 o todavía menos. No hay que esperar que el movimiento moderno de concentración quede circunscrito a los bancos. Las estrechas relaciones entre diferentes bancos conducen asimismo, de un modo natural, al acercamiento entre los sindicatos de industriales que estos bancos protegen... Un buen día nos despertaremos, y ante nuestros ojos asombrados no habrá más que trusts, y nos hallaremos en la necesidad de reemplazar los monopolios privados por los monopolios de Estado. Sin embargo, en realidad, nosotros no tendremos nada que reprocharnos, a no ser el haber dejado que la marcha de las cosas se desarrollara libremente, acelerada un poco por el uso de las acciones".*

He aquí un ejemplo de la impotencia del periodismo burgués, del cual la ciencia burguesa se distingue sólo por una menor franqueza y por la tendencia a velar el fondo de las cosas, a ocultar el bosque tras los árboles. "Asombrarse" de las consecuencias de la concentración, "hacer reproches" al gobierno de la Alemania capitalista o a la "sociedad" capitalista ("nosotros"), temer la "aceleración" de la concentración que trae el lanzar las acciones, del mismo modo que un especialista alemán "en cartels", Tschierschky, teme los trusts norteamericanos y "prefiere" los cartels alemanes, porque, según él, no son tan susceptibles "de acelerar de un modo tan excesivo como los trusts el progreso técnico y económico"†¿no es todo esto una prueba de impotencia?

Pero los hechos son hechos. En Alemania no hay trusts, sino "solamente" cartels, pero el país lo *dirigen* todo lo más 300 magnates del capital, y su número disminuye sin cesar. Los bancos, en todo caso, en todos los países capitalistas, cualquiera que sea la diferencia entre las legislaciones bancarias, intensifican y hacen muchas veces más rápido el proceso de concentración del capital y de constitución de monopolios.

"Los bancos crean en escala social la forma, y nada más que la forma, de la contabilidad general y de la distribución general de los medios de producción", escribía Marx, hace medio siglo, en *El Capital* (trad. rusa, t. III, parte II, pág. 144[14]). Los datos que hemos reproducido referentes al incremento del capital bancario, al aumento del número de oficinas y sucursales de los bancos más importantes y de sus cuentas corrientes, etc., nos muestran en concreto esa "contabilidad general" de *toda* la clase capitalista, y aun no sólo capitalista, pues los bancos recogen, aunque no sea más que temporalmente, los ingresos monetarios de todo género, tanto de los más pequeños patronos como de los empleados y de una reducida capa superior de los obreros. La "distribución general de los medios de producción": he aquí lo que *brota*, desde el punto de vista formal, de los bancos modernos, de los que los más importantes, en número de 3 a 6 en Francia y de 6 a 8 en Alemania, disponen de miles y miles de millones. Pero, por *su contenido*, esa distribución de los medios de producción no es "general", ni mucho menos, sino privada, esto es conforme a los intereses del gran capital, y en primer lugar, del más grande, del capital monopolista, el cual actúa en unas condiciones en que la masa de la población pasa hambre; en unas condiciones en que todo el desarrollo de la agricultura se retrasa irremediablemente con respecto al de la industria, una parte de la cual, la "industria pesada", percibe un tributo de todas las demás ramas industriales.

En cuanto a la socialización de la economía capitalista, empiezan a competir con los bancos las cajas de ahorro y los establecimientos postales, que son más "descentralizados", es decir, que extienden su influencia a un número mayor de localidades, a un número mayor de lugares alejados, a sectores más vastos de la población. He aquí los datos recogidos por una comisión norteamericana encargada de investigar el aumento comparado de los depósitos en los bancos y en las cajas de ahorro:‡

Depósitos (en miles de millones de marcos)

	Inglaterra		Francia		Alemania		
Años	En los bancos	En las cajas de ahorro	En los bancos	En las cajas de ahorro	En los bancos	En las sociedades de crédito	En las cajas de ahorro
1880	8,4	1,6	?	0,9	0,5	0,4	2,6
1888	12,4	2,0	1,5	2,1	1,1	0,4	4,5
1908	23,2	4,2	3,7	4,2	7,1	2,2	13,9

---

* Alfredo Lansburgh. *Die Bank mit den 300 Millionen, Die Bank,* 1914, 1. Pág. 426.

† S. Tschierschky. Obra cit., pág. 128.

‡ Datos de la *National Monetary Commission* norteamericana, en *Die Bank,* 1910, 2, pág. 1200.

Las cajas de ahorro, que pagan el 4 y el 4 ¼ % a los depositores, se ven obligadas a buscar una colocación "lucrativa" a sus capitales, a lanzarse a operaciones de descuento de letras de cambio, de hipotecas y otras. Las fronteras existentes entre los bancos y las cajas de ahorro "van desapareciendo cada vez más". Las Cámaras de Comercio de Bochum y de Erfurt, por ejemplo, exigen que se "prohíban" a las cajas de ahorro las operaciones "puramente" bancarias, tales como el descuento de letras; exigen la limitación de la actividad "bancaria" de los establecimientos postales.* Los magnates bancarios parecen temer que el monopolio del Estado se deslice hasta ellos cuando menos lo esperen. Pero, naturalmente, dicho temor no rebasa los límites de la competencia entre dos jefes de despacho de una misma oficina, porque de un lado son al fin y al cabo *esos mismos* magnates del capital bancario los que disponen de hecho de los miles de millones concentrados en las cajas de ahorro; y de otro lado, el monopolio del Estado en la sociedad capitalista no es más que un medio de elevar y asegurar los ingresos de los millonarios que están a punto de quebrar en una u otra rama de la industria.

La sustitución del viejo capitalismo, en el cual reina la libre competencia, por el nuevo capitalismo, en el que domina el monopolio, la expresa, entre otras cosas, la disminución de la importancia de la Bolsa. "Hace ya tiempo —dice la revista *Die Bank*— que la Bolsa ha dejado de ser el intermediario indispensable de la circulación que era antes, cuando los bancos no podían todavía colocar la mayor parte de las emisiones entre sus clientes".†

"'Todo banco es una Bolsa'. Este aforismo moderno es tanto más exacto cuanto más grande es el banco, cuanto mayores son los éxitos de la concentración en los negocios bancarios".‡ "Si antes, en los años 70, la Bolsa, con sus excesos de juventud" (alusión "delicada" al crac bolsista de 1873, a los escándalos de Gründerzeit,[15] etc.), "abrió la época de la industrialización de Alemania, en el momento actual los bancos y la industria 'se las pueden arreglar por sí mismos'. La dominación de nuestros grandes bancos sobre la Bolsa... no es otra cosa que la expresión del Estado industrial alemán completamente organizado. Si se restringe de este modo el campo de acción de las leyes económicas que funcionan automáticamente y se ensancha extraordinariamente el de la regulación consciente a través de los bancos, aumenta en proporciones gigantescas la responsabilidad que, en cuanto a la economía nacional, recae sobre unas pocas cabezas dirigentes", dice el profesor alemán Schulze-Gaevernitz.§ Este apologista del imperialismo alemán, que es una autoridad entre los imperialistas de todos los países, se esfuerza en disimular una "pequeñez" que esa "regulación consciente" a través de los bancos consiste en el despojo del público por un puñado de monopolistas "completamente organizados". Lo que el profesor burgués se propone no es poner al descubierto todo el mecanismo, no es desenmascarar todas las artimañas de los monopolistas bancarios, sino embellecerlas.

Del mismo modo, Riesser, economista y "personalidad" del mundo de la Banca, más prestigioso todavía, sale del paso con frases que no dicen nada, hablando de hechos que es imposible negar: "La Bolsa va perdiendo cada día más la cualidad, absolutamente indispensable para toda la economía y para la circulación de los valores, de ser no sólo el instrumento más fiel de evaluación, sino también un regulador casi automático de los movimientos económicos que convergen hacia ella".¶

En otros términos: el viejo capitalismo, el capitalismo de la libre competencia, con su regulador absolutamente indispensable, la Bolsa, pasa a la historia. En su lugar ha aparecido el nuevo capitalismo, que tiene los rasgos evidentes de un fenómeno transitorio, que representa una mescolanza de la libre competencia y del monopolio. Se desprende la pregunta: ¿*en qué* desemboca la "transición" del capitalismo moderno? Pero los sabios burgueses tienen miedo a hacérsela.

"Hace treinta años, los patronos que competían libremente entre sí realizaban las ⁹⁄₁₀ de la labor

---

* Informe de la *National Monetary Commission* norteamericana, en *Die Bank*, 1913, págs. 811 y 1022; 1914, pág. 713.

† *Die Bank*, 1914, 1, pág. 318.

‡ Dr. Oscar Stillich. *Geld-und Bankwesen*, Berlín, 1907, pág. 169.

§ Schulze-Gaevernitz. *Die deutsche Kreditbank* en *Grundriss der Sozialökonomik*, Tüb., 1915, pág. 101.

¶ Riesser. Obra cit., pág. 629 de la 4ª edición.

económica que no pertenece a la esfera del trabajo físico de los 'obreros'. En la actualidad, son los *funcionarios* los que realizan las $9/10$ de esa labor intelectual en la economía. Los bancos se hallan al frente de esta evolución".* Esta confesión de Schulze-Gaevernitz lleva una y otra vez al problema de saber en qué desemboca esta transición del capitalismo moderno, del capitalismo en su fase imperialista.

Entre el reducido número de bancos que, en virtud del proceso de concentración, se quedan al frente de toda la economía capitalista, se observa y se acentúa cada día más, como es natural, la tendencia a llegar a un acuerdo monopolista, al *trust de los bancos*. En los Estados Unidos no son nueve, sino *dos* grandes bancos, de los multimillonarios Rockefeller y Morgan, los que dominan sobre un capital de 11 000 millones de marcos.† En Alemania, la absorción, a que hemos aludido antes, de la Alianza Bancaria Schaffhausen por la Sociedad de Descuento, movió a las siguientes reflexiones a la *Gaceta de Francfort*, periódico que defiende los intereses bursátiles:

"El incremento de la concentración de los bancos restringe el círculo de instituciones a las cuales uno se puede dirigir en demanda de crédito, con lo que aumenta la dependencia de la gran industria respecto de un reducido número de grupos bancarios. Como resultado de la estrecha relación entre la industria y el mundo financiero, la libertad de movimiento de las sociedades industriales necesitadas del capital bancario se ve restringida. Por eso, la gran industria asiste con cierta perplejidad a la trustificación (unificación o transformación en trusts) de los bancos, cada día más intensa; en efecto, a menudo se ha podido observar el germen de acuerdos determinados entre los consorcios de grandes bancos, acuerdos cuya finalidad es limitar la competencia".‡

Otra y otra vez se ve que la última palabra en el desarrollo de los bancos es el monopolio.

En cuanto a la estrecha relación existente entre los bancos y la industria, es precisamente en esta esfera donde se manifiesta, acaso con más evidencia que en ninguna otra parte, el nuevo papel de los bancos. Si el banco descuenta las letras de un patrono, le abre cuenta corriente, etc., esas operaciones, consideradas aisladamente, no disminuyen en lo más mínimo la independencia de dicho patrono y el banco no pasa de ser un modesto intermediario. Pero si estas operaciones se hacen cada vez más frecuentes y más firmes, si el banco "reúne" en sus manos inmensos capitales, si las cuentas corrientes de una empresa permiten al banco —y es así como sucede— conocer de un modo cada vez más detallado y completo la situación económica de su cliente, el resultado es una dependencia cada día más completa del capitalista industrial con respecto al banco.

Paralelamente se desarrolla, por decirlo así, la unión personal de los bancos con las más grandes empresas industriales y comerciales, la fusión de los unos y de las otras mediante la posesión de las acciones, mediante la entrada de los directores de los bancos en los consejos de supervisión (o administración) de las empresas industriales y comerciales, y viceversa. El economista alemán Jeidels ha reunido datos muy completos sobre esta forma de concentración de los capitales y de las empresas. Seis grandes bancos berlineses estaban representados, a través de sus directores, en *344* sociedades industriales, y a través de los miembros de sus consejos de administración en otras *407*, o sea, en un total de *751* sociedades. En *289* sociedades tenían a dos de sus miembros en los consejos de administración u ocupaban en ellos la presidencia. Entre esas sociedades comerciales e industriales hallamos las ramas industriales más variadas: compañías de seguros, vías de comunicación, restaurantes, teatros, industria de objetos artísticos, etc. Por otra parte, en los consejos de administración de esos seis bancos había (en 1910) 51 grandes industriales, entre ellos el director de la casa Krupp, el de la gigantesca compañía naviera "Hapag" (Hamburg-Amerika-Linie), etc., etc. Cada uno de los seis bancos, de 1895 a 1910 participó en la emisión de acciones y obligaciones de varios centenares de sociedades industriales, más concretamente, de 281 a 419.§

---

* Schulze-Gaevernitz. *Die deutsche Kreditbank* en *Grundriss der Sozialökonomik*. Tüb., 1915, pág. 151.

† *Die Bank*, 1912, 1, pág. 435.

‡ Citado por Schulze-Gaevernitz en *Grdr. d. S.-Oek.*, pág. 155.

§ Jeidels y Riesser. Obras citadas.

La "unión personal" de los bancos y la industria se completa con la "unión personal" de unas y otras sociedades con el gobierno. "Los puestos en los consejos de administración —escribe Jeidels— son confiados voluntariamente a personalidades de renombre, así como a antiguos funcionarios del Estado, los cuales pueden facilitar en grado considerable (!!) las relaciones con las autoridades…" "En el consejo de administración de un banco importante hallamos generalmente a algún miembro del parlamento o del ayuntamiento de Berlín".

Los grandes monopolios capitalistas van surgiendo y desarrollándose, por decirlo así, a toda máquina, siguiendo todos los caminos "naturales" y "sobrenaturales". Se establece sistemáticamente una determinada división del trabajo entre varios centenares de reyes financieros de la sociedad capitalista actual:

"Paralelamente a este ensanchamiento del campo de acción de los distintos grandes industriales" (que entran en los consejos de administración de los bancos, etc.) "y al hecho de que se confíe a los directores de los bancos de provincias únicamente la administración de una zona industrial determinada, se produce cierto aumento de la especialización entre los dirigentes de los grandes bancos. Tal especialización, hablando en general, es concebible únicamente en el caso de que toda la empresa bancaria, y particularmente sus relaciones industriales, tengan grandes proporciones. Esta división del trabajo se efectúa en dos sentidos: de una parte, las relaciones con la industria en su conjunto se confían, como ocupación especial, a uno de los directores; de otra parte, cada director se encarga del control de empresas sueltas o de grupos de empresas que son afines por su producción o por sus intereses"… (El capitalismo está ya en condiciones de ejercer el *control* organizado de las empresas sueltas)… "La especialidad de uno es la industria alemana, o simplemente incluso la de Alemania Occidental" (que es la parte más industrial del país), "la de otros, las relaciones con otros Estados y con las industrias del extranjero, los informes sobre los industriales, etc., sobre los negocios bursátiles, etc. Además de esto, cada uno de los directores de banco queda a menudo encargado de una zona o de una rama especial de industria; uno se dedica principalmente a los consejos de administración de las sociedades eléctricas, otro, a las fábricas de productos químicos, azucareras o de cerveza, el tercero, a un cierto número de empresas sueltas y, paralelamente, figura en el consejo de administración de sociedades de seguros… En una palabra, es indudable que en los grandes bancos, a medida que aumentan el volumen y la variedad de sus operaciones, se establece una división del trabajo cada vez mayor entre los directores, con el fin (que consiguen) de elevarlos un poco, por decirlo así, por encima de los negocios puramente bancarios, de hacerlos más aptos para formarse su composición de lugar sobre los asuntos, para orientarse mejor en los problemas generales de la industria y en los problemas especiales de sus diversas ramas, con el fin de prepararlos para su actividad en el sector industrial de la esfera de influencia del banco. Este sistema de los bancos lo completa la tendencia que en ellos se observa a elegir para sus consejos de supervisión a gente que conozca bien la industria, a patronos, a antiguos funcionarios, particularmente a los que proceden de los departamentos de ferrocarriles, minas", etc.[*]

En la Banca francesa hallamos instituciones similares, sólo que en una forma un poco diferente. Por ejemplo, uno de los tres grandes bancos franceses, el *Crédit Lyonnais*, tiene montada una "sección especial dedicada a recoger informaciones financieras" *(service des études financières)*. En dicha sección trabajan permanentemente más de 50 ingenieros, personal de estadística, economistas, abogados, etc. Cuesta de 600 000 a 700 000 francos anuales. La sección se halla dividida a su vez en ocho subsecciones: una recoge datos sobre las empresas industriales, otra estudia la estadística general, otra, las compañías ferroviarias y navieras, otra, los fondos, otra, los informes financieros, etc.[†]

Resulta, de una parte, una fusión cada día mayor, o según la acertada expresión de N.I. Bujarin, la ensambladura de los capitales bancario e industrial y, de otra, el transcrecimiento de los bancos en instituciones de un verdadero "carácter universal". Juzgamos necesario reproducir los términos exactos que al particular emplea Jeidels, el escritor que mejor ha estudiado el problema:

"Como resultado del examen de las relaciones

---

[*] Jeidels. Obra cit., págs. 156–157.

[†] Artículo de Eugen Kaufmann sobre los bancos franceses, en *Die Bank*, 1909, 2, págs. 851 y siguientes.

industriales en su conjunto, obtenemos el *carácter universal* de los establecimientos financieros que trabajan para la industria. En oposición a otras formas de bancos, en oposición a las demandas, formuladas a veces en las publicaciones, de que los bancos deben especializarse en una esfera determinada de negocios o en una rama industrial determinada a fin de pisar terreno firme, los grandes bancos tienden a que sus relaciones con los establecimientos industriales sean lo más variadas posible, tanto desde el punto de vista del lugar como del género de la producción; procuran eliminar la distribución desigual del capital entre las distintas zonas o ramas de la industria, desigualdad que halla su explicación de la historia de distintos establecimientos". "Una tendencia consiste en convertir las relaciones con la industria en fenómeno de orden general; la otra, en hacerlas sólidas e intensivas; ambas están logradas en los seis grandes bancos, no de un modo completo, pero ya en proporciones considerables y en un grado igual".

En los medios comerciales e industriales se oyen con frecuencia lamentaciones contra el "terrorismo" de los bancos. Y no tiene nada de sorprendente que surjan esas lamentaciones cuando los grandes bancos "mandan" de la manera que nos muestra el ejemplo siguiente. El 19 de noviembre de 1901, uno de los bancos berlineses llamados bancos *D* (el nombre de los cuatro bancos más importantes empieza por la letra *D*) dirigió a la administración del sindicato del cemento de la Alemania del Noroeste y del Centro la carta siguiente: "Según la nota que ustedes han hecho pública el 18 del corriente en el periódico tal, parece que debemos admitir la eventualidad de que la asamblea general de su sindicato, a celebrar el 30 del actual, adopte resoluciones susceptibles de determinar en su empresa modificaciones que nosotros no podemos aceptar. Por esto, con gran sentimiento por nuestra parte, nos vemos obligados a retirarles el crédito de que hasta ahora gozaban… Ahora bien, si dicha asamblea general no toma resoluciones inaceptables para nosotros y se nos dan garantías a este respecto para el futuro, estamos dispuestos a entablar negociaciones con el fin de abrir un nuevo crédito".*

En esencia, se trata de las mismas lamentaciones del pequeño capital con respecto al yugo del grande, sólo que en este caso la categoría de "pequeño" capital corresponde a ¡todo un sindicato! La vieja lucha entre el pequeño y el gran capital se reproduce en un grado de desarrollo nuevo e inconmensurablemente más elevado. Es evidente que, disponiendo como disponen de miles de millones; los grandes bancos pueden también hacer avanzar el progreso técnico valiéndose de medios incomparablemente superiores a los anteriores. Los bancos crean, por ejemplo, sociedades especiales de investigación técnica, de cuyos resultados se aprovechan, naturalmente, sólo las empresas industriales "amigas". Entre ellas figuran la Sociedad para el Estudio del Problema de los Ferrocarriles Eléctricos, la Oficina Central de Investigaciones Científicas y Técnicas, etc.

Los propios dirigentes de los grandes bancos no pueden por menos de ver que están apareciendo nuevas condiciones de la economía nacional, pero ellos son impotentes ante las mismas:

"El que haya observado durante los últimos años —dice Jeidels— los cambios de directores y miembros de los consejos de administración de los grandes bancos, no habrá podido dejar de darse cuenta de que el poder pasa paulatinamente a manos de quienes consideran que el fin necesario y cada vez más vital de los grandes bancos consiste en intervenir activamente en el desenvolvimiento general de la industria; entre ellos y los viejos directores de los bancos se producen con tal motivo divergencias en el terreno profesional y, a menudo, en el terreno personal. Se trata, en el fondo, de saber si no perjudica a los bancos, en su calidad de instituciones de crédito, esa ingerencia en el proceso industrial de la producción, si no se sacrifican los principios firmes y el beneficio seguro a una actividad que no tienen nada de común con el papel de intermediario para la concesión de créditos y que coloca a los bancos en un terreno en el que se hallan todavía más expuestos que antes al dominio ciego de la coyuntura industrial. Así afirman muchos de los viejos directores de bancos, mientras que la mayoría de los jóvenes considera la intervención activa en los problemas de la industria una necesidad semejante a la que hizo nacer, junto con la gran industria moderna, a los grandes bancos y a la banca industrial moderna. En lo único en que están de acuerdo las dos partes es en

---

* Dr. Oscar Stillich. *Geld- und Bankwesen*, Berlín, 1907, pág. 147.

que no existen principios firmes ni fines concretos para la nueva actividad de los grandes bancos".*

El viejo capitalismo ha caducado. El nuevo constituye una etapa de transición hacia algo distinto. Encontrar "principios firmes y fines concretos" para la "conciliación" del monopolio con la libre competencia, es, naturalmente, una empresa llamada a fracasar. Las confesiones de la gente práctica resuenan de manera muy distinta a como lo hacen los elogios del capitalismo "organizado", que entonan sus apologistas oficiales, tales como Schulze-Gaevernitz, Liefmann y otros "teóricos" por el estilo.

Jeidels nos da una respuesta bastante exacta al importante problema de saber a qué período se refieren con precisión los comienzos de la "nueva actividad" de los grandes bancos:

"Las relaciones entre las empresas industriales con su nuevo contenido, sus nuevas formas y sus nuevos órganos, es decir, los grandes bancos organizados de un modo a la vez centralizado y descentralizado, no se forman, como fenómeno característico de la economía nacional, antes del último decenio de siglo XIX; en cierto sentido puede incluso tomarse como punto de partida el año 1897, con sus grandes "fusiones" de empresas que implantaron por vez primera la nueva forma de organización descentralizada en razón de la política industrial de los bancos. Este punto de partida se puede tal vez llevar incluso a un período más reciente, pues sólo la crisis de 1900 aceleró en proporciones gigantescas el proceso de concentración tanto de la industria como de la banca, consolidó dicho proceso, convirtió por primera vez las relaciones con la industria en verdadero monopolio de los grandes bancos y dio a dichas relaciones un carácter incomparablemente más estrecho y más intenso".†

Así, pues, el siglo XX señala el punto de viraje del viejo capitalismo al nuevo, de la dominación del capital en general a la dominación del capital financiero.

III. EL CAPITAL FINANCIERO Y LA OLIGARQUÍA FINANCIERA

"Una parte cada día mayor del capital industrial —escribe Hilferding— no pertenece a los industria-

---

* Jeidels. Obra cit., págs. 183–184.
† Jeidels. Obra cit., pág. 181.

les que lo utilizan. Pueden disponer del capital únicamente por mediación del banco, que representa, con respecto a ellos, a los propietarios de dicho capital. Por otra parte, el banco también se ve obligado a dejar en la industria una parte cada vez más grande de su capital. Gracias a esto se convierte, en proporciones crecientes, en capitalista industrial. Este capital bancario —por consiguiente, capital en forma de dinero—, que por ese procedimiento se trueca de hecho en capital industrial, es lo que llamo capital financiero". "Capital financiero es el capital que se halla a disposición de los bancos y que utilizan los industriales".‡

Esta definición no es completa, por cuanto no se indica en ella uno de los aspectos más importantes: el aumento de la concentración de la producción y del capital en un grado tan elevado, que conduce y ha conducido al monopolio. Pero en toda la exposición de Hilferding, en general, y en particular en los dos capítulos que preceden a aquel del cual hemos entresacado esta definición, se subraya el papel de los *monopolios capitalistas*.

Concentración de la producción; monopolios que se derivan de la misma; fusión o ensambladura de los bancos con la industria: tal es la historia de la aparición del capital financiero y lo que dicho concepto encierra.

Ahora pasaremos a describir cómo la "gestión" de los monopolios capitalistas se convierte indefectiblemente, en las condiciones generales de la producción mercantil y de la propiedad privada, en la dominación de la oligarquía financiera. Señalemos que las figuras representativas de la ciencia burguesa alemana —y no sólo de la alemana—, tales como Riesser, Schulze-Gaevernitz, Liefmann, etc., son todos unos apologistas del imperialismo y del capital financiero. No ponen al descubierto, sino que disimulan y embellecen el "mecanismo" de la formación de las oligarquías, sus procedimientos, la cuantía de sus ingresos "lícitos e ilícitos", sus relaciones con los parlamentos, etc., etc. Se quitan de encima las "cuestiones malditas" mediante frases altisonantes y oscuras e invocaciones al "sentido de la responsabilidad" de los directores de los bancos; mediante elogios al "sentimiento del deber" de los funcionarios prusianos; mediante el serio y deta-

---

‡ R. Hilferding. *El capital financiero,* Moscú, 1912, págs. 338–339.

llado análisis de proyectos de ley nada serios sobre la "inspección" y la "reglamentación"; mediante infantiles juegos teóricos, tales como la siguiente definición "científica" a que ha llegado el profesor Liefmann: "... *el comercio es una actividad profesional encaminada a reunir bienes, conservarlos y ofrecerlos*"* (en cursiva y con gruesos caracteres en la obra del profesor)... ¡Resulta que el comercio existía entre los hombres primitivos, los cuales no conocían todavía el cambio, y que también existirá en la sociedad socialista!

Pero los monstruosos hechos relativos a la monstruosa dominación de la oligarquía financiera son tan evidentes, que en todos los países capitalistas —en Norteamérica, en Francia, en Alemania— han surgido publicaciones que adoptan el punto de vista *burgués* y que, no obstante, trazan un cuadro aproximadamente exacto y hacen una crítica —pequeñoburguesa, naturalmente—, de la oligarquía financiera.

Hay que consagrar una atención primordial al "sistema de participación", del que ya hemos hablado brevemente más arriba. He aquí cómo expone la esencia del asunto el economista alemán Heymann, el cual ha sido uno de los primeros, si no el primero, en prestarle atención.

"El dirigente controla la sociedad fundamental (textualmente la "sociedad madre"); ésta, a su vez, ejerce el dominio sobre las sociedades que dependen de ella ("sociedades hijas"); estas últimas sobre las "sociedades nietas", etc. De tal forma es posible, sin poseer un capital demasiado grande, dominar sobre ramas gigantescas de la producción. En efecto: si la posesión del 50 % del capital es siempre bastante para controlar una sociedad anónima, al dirigente le basta poseer sólo un millón para estar en condiciones de controlar 8 millones de capital de las "sociedades nietas". Y si esta "combinación" va todavía más lejos, con un millón se puede controlar 16, 32 millones, etc.".†

En efecto, la experiencia demuestra que basta con poseer el 40 % de las acciones para disponer de los negocios de una sociedad anónima,‡ pues cierta parte de los pequeños accionistas, que se hallan dispersos, no tienen en la práctica posibilidad alguna de asistir a las asambleas generales, etc. La "democratización" de la posesión de las acciones, de la cual los sofistas burgueses y los oportunistas, los "socialdemócratas" de pacotilla, esperan (o afirman que esperan) la "democratización del capital", el acrecentamiento del papel y de la importancia de la pequeña producción, etc., es en realidad uno de los medios de reforzar el poder de la oligarquía financiera. Por eso, entre otras cosas, en los países capitalistas más adelantados o más viejos y "duchos", las leyes autorizan la emisión de acciones más pequeñas. En Alemania, la ley no permite acciones de menos de mil marcos, y los magnates financieros del país vuelven los ojos con envidia hacia Inglaterra, donde la ley consiente acciones hasta de una libra esterlina (es decir, de 20 marcos, o alrededor de 10 rublos). Siemens, uno de los "reyes financieros" e industriales más poderosos de Alemania, manifestó el 7 de junio de 1900 en el Reichstag que "la acción de una libra esterlina es la base del imperialismo británico".§ Este negociante tiene una concepción considerablemente más profunda, más "marxista" de lo que es el imperialismo, que cierto indecoroso escritor que se considera fundador del marxismo ruso[16] y que supone que el imperialismo es un defecto propio de uno de los pueblos...

Pero el "sistema de participación" no sólo sirve para aumentar en proporciones gigantescas el poderío de los monopolistas, sino que, además, permite llevar a cabo impunemente toda clase de negocios oscuros y sucios y robar al público, pues los dirigentes de las "sociedades madres", formalmente, según la ley, no responden por la "sociedad hija", a la que se considera "independiente" y *a través* de la cual se puede "hacer pasar" *todo*. He aquí un ejemplo que sacamos de la revista alemana *Die Bank*, en su número de mayo de 1914:

"La Sociedad Anónima de Acero para Resortes, de Cassel, era considerada hace unos años como una de las empresas más lucrativas de Alemania. A consecuencia de la mala administración, los dividendos descendieron del 15 % al 0 %. Según se pudo comprobar después, la administración,

---

* R. Liefmann. Obra cit., pág. 476.

† Hans Gideon Heymann. *Die gemischten Werke im deutschen Grosseisengewerbe*, St., 1904, págs. 268-269.

‡ Liefmann. *Beteiligungsges*, etc., pág. 258 (1ª edición).

§ Schulze-Gaevernitz. En *Grundriss der Sozialökonomik*, V. 2, pág. 110.

sin informar a los accionistas, había hecho un préstamo de *seis millones de marcos* a una de sus "sociedades hijas", la Hassia, cuyo capital nominal era únicamente de algunos centenares de miles de marcos. Ese préstamo, casi tres veces superior al capital en acciones de la "sociedad madre", no figuraba en los balances de ésta; jurídicamente, tal silencio se ajustaba por completo a la ley y pudo durar dos años enteros, pues con ello no se vulneraba ni un solo artículo de la legislación comercial. El presidente del consejo de administración, al que en calidad de tal incumbía la responsabilidad de firmar los balances falsos, era y sigue siendo presidente de la Cámara de Comercio de Cassel. Los accionistas sólo se enteraron de este préstamo a la Hassia mucho tiempo después, cuando resultó que dicho préstamo había sido un error…" (el autor debiera haber colocado esta palabra entre comillas)… "y cuando las acciones del "acero para resortes", al empezar a deshacerse de ellas los enterados, vieron bajar su valor aproximadamente en un 100 %…

Este ejemplo típico de malabarismo en los balances, el más común en las sociedades anónimas, nos explica por qué sus consejos de administración emprenden negocios arriesgados con mucha más facilidad que los particulares. La técnica moderna de composición de los balances no sólo les ofrece la posibilidad de ocultar al accionista medio la operación arriesgada, sino que incluso permite a los individuos principalmente interesados descargarse de la responsabilidad mediante la venta oportuna de sus acciones en el caso de que fracase el experimento, mientras que el negociante particular responde con su pellejo de todo lo que hace…

Los balances de muchas sociedades anónimas se parecen a los palimpsestos de la Edad Media, de los cuales era necesario destapar lo que llevaban escrito para descubrir los signos anotados debajo y que representaban el contenido real del documento" (el palimpsesto era un pergamino en el cual el texto primitivo había sido tapado para escribir de nuevo).

"El medio más sencillo y por esto más comúnmente empleado para hacer indescifrable un balance, consiste en dividir una empresa en varias partes por medio de la creación de filiales o de la incorporación de establecimientos de este género. Las ventajas de este sistema, desde el punto de vista de los diversos fines —legales e ilegales—, son tan evidentes, que en la actualidad constituyen una verdadera excepción las grandes sociedades que no lo han adoptado".*

Como ejemplo de empresa monopolista de gran importancia que aplica en gran escala dicho sistema, el autor cita la famosa Sociedad General de Electricidad (A.E.G., de la cual volveremos a hablar más adelante). En 1912 se calculaba que esta sociedad participaba en otras *175 a 200,* dominándolas, claro está, y reuniendo entre todas ellas un capital de cerca de 1 500 *millones de marcos.*†

Ninguna regla de control, de publicación de balances, de establecimiento de esquemas precisos para los mismos, de institución de inspección, etc., con que distraen la atención del público los profesores y funcionarios bien intencionados, esto es, que tienen la buena intención de defender y de embellecer el capitalismo, puede tener en este punto la menor importancia, pues la propiedad privada es sagrada y a nadie se le puede prohibir comprar, vender, permutar, hipotecar acciones, etc.

Se puede juzgar de las proporciones que el "sistema de participación" ha alcanzado en los grandes bancos rusos por los datos que comunica E. Agahd, quien durante quince años fue empleado del Banco Ruso-Chino y que en mayo de 1914 publicó una obra con el título no del todo exacto de *Los grandes bancos y el mercado mundial.*‡ El autor divide los grandes bancos rusos en dos grupos fundamentales: *a)* los que funcionan según el "sistema de participación", y *b)* los "independientes", entendiendo, sin embargo, arbitrariamente por "independencia" la independencia con respecto a los bancos *extranjeros.* El autor divide el primer grupo en tres subgrupos: 1) participación alemana, 2) inglesa y 3) francesa, refiriéndose a la "participación" y el dominio de los grandes

---

* L. Eschwege. *Tochtergesellschatten, Die Bank,* 1914, 1, pág. 545.

† Kurt Heinig. *Der Weg des Electrotrusts, Neue Zeit,* 1912, 30. Jahrg, 2, pág. 484.

‡ E. Agahd. *Grossbanken und Weltmarkt. Die wirtschaftliche und politische Bedeutung der Grossbanken im Weltmarkt unter Berüchsichtigung ihres Einflusses auf Russlands Volkswirtschuft und die deutsch-russischen Beziehungen* ("Los grandes bancos y el mercado mundial. Importancia económica y política de los grandes bancos en el mercado mundial y su influencia en la economía nacional de Rusia y en las relaciones germano-rusas". Berlín. 1914 —*N. de la Edit.*).

bancos extranjeros de la nación correspondiente. Los capitales de los bancos los divide en capitales de inversión "productiva" (en el comercio y en la industria) y de inversión "especulativa" (en las operaciones bursátiles y financieras), suponiendo, de acuerdo con el punto de vista pequeñoburgués reformista que le es propio, que bajo el capitalismo es posible separar la primera forma de inversión de la segunda y suprimir esta última.

Los datos del autor son los siguientes:

Activo de los bancos en millones de rublos
(Según los balances de octubre y noviembre de 1913)

Grupos de bancos rusos	Capitales de inversión		
	productiva	especulativa	total
a 1) 4 bancos: Comercial Siberiano, Ruso, Internacional y de Descuento	413,7	859,1	1 272,8
a 2) 2 bancos: Comercial e Industrial y Ruso-Inglés	239,3	169,1	408,4
a 3) 5 bancos: Ruso-Asiático, Privado de San Petersburgo, Del Azov y del Don, Unión de Moscú y Comercial Ruso-Francés	711,8	661,2	1 373,0
(11 bancos) Total a) ==	1 364,8	1 689,4	3 054,2
b) 8 bancos: Comercial de Moscú, Del Volga y del Kama, I.W. Junker y Cía., Comercial de San Petersburgo (antes Wawelberg), de Moscú (antes Riabushinski), de Descuento de Moscú, Comercial de Moscú y Privado de Moscú	504,2	391,1	895,3
(19 bancos) Total	1 869,0	2 080,5	3 949,5

De estos datos resulta que del total aproximado de 4 mil millones de rublos que constituyen el capital "activo" de los grandes bancos, *más de los ¾*, más de 3 mil millones, corresponden a bancos que, en el fondo, son filiales de los bancos extranjeros, en primer lugar, de los parisienses (el famoso trío bancario Unión Parisiense, Banco de París y de los Países Bajos y Sociedad General) y de los berlineses (particularmente el Banco Alemán y la Sociedad de Descuento). Dos de los bancos rusos más importantes, el Ruso (Banco Ruso de Comercio Exterior) y el Internacional (Banco Comercial Internacional de San Petersburgo) vieron aumentar sus capitales, en el período comprendido entre 1906 y 1912, de 44 a 98 millones de rublos, y los fondos de reserva de 15 a 39 millones, "trabajando en sus ¾ con capitales alemanes"; el primer banco pertenece "consorcio" del Banco Alemán, de Berlín; el segundo pertenece a la Sociedad de Descuento, de la misma capital. Al bueno de Agahd le indigna profundamente que los bancos berlineses tengan en sus manos la mayoría de las acciones y de que, a consecuencia de ello, los accionistas rusos sean impotentes. Y, naturalmente, el país que exporta capitales se queda con la nata: por ejemplo, el Banco Alemán de Berlín, encargado de vender en esta ciudad las acciones del Banco Comercial Siberiano, guardó durante un año dichas acciones en cartera y después las vendió al 193 por 100, es decir, casi al doble, "obteniendo" de este modo un beneficio de cerca de 6 millones de rublos que Hilferding califica de "beneficio de constitución".

El autor estima en 8 235 millones de rublos la "potencia" total de los bancos petersburgueses más importantes. La "participación" o, para decirlo mejor, el dominio de los bancos extranjeros lo fija en las proporciones siguientes: bancos franceses 55 %; ingleses 10 % y alemanes 35 %. De esta suma, de los 8 235 millones, 3 687 millones de capital activo, esto es, más del 40 %, corresponden, según los cálculos del autor, a los sindicatos: el Prodúgol y el Prodamet[17] y los sindicatos del petróleo, de la metalurgia y del cemento. Por consiguiente, la fusión del capital bancario e industrial, derivada de la constitución de los monopolios capitalistas, ha dado también en Rusia pasos gigantescos.

El capital financiero, concentrado en muy pocas manos y que goza del monopolio efectivo, obtiene un beneficio enorme, que se acrece sin cesar, con la constitución de sociedades, la emisión de valores, los empréstitos del Estado, etc., consolidando la dominación de la oligarquía financiera e imponiendo a toda la sociedad un tributo en provecho de los monopolistas. He aquí uno de los innumerables ejemplos de los manejos de los trusts norteamericanos, citado por Hilferding: En 1887, Havemeyer constituyó el trust del azúcar mediante la fusión de 15 pequeñas compañías, cuyo capital total era de 6 500 000 dólares. Pero el capital del trust, "diluido", según expresión norteamericana, se fijó en 50 millones de dólares. La "recapitalización" calculaba de antemano los futuros beneficios monopolistas, del mismo modo que el trust del acero —también en Norteamérica— toma en consideración los futuros beneficios monopolistas al adquirir cada vez más yacimientos de mineral de hierro. Y, en efecto, el trust del azúcar fijó precios de monopolio y percibió tales beneficios, que pudo pagar un dividendo del 10 % al capital *siete veces* "diluido", es decir, *¡casi el 70 % sobre es capital aportado efectivamente al constituirse el trust!* En 1909, su capital era de 90 millones de dólares. En veintidós años el capital se vio decuplicado con creces.

En Francia, la dominación de la "oligarquía financiera" (*Contra la oligarquía financiera en Francia* se titula el conocido libro de Lysis, cuya quinta edición apareció en 1908) ha adoptado una forma sólo un poco modificada. Los cuatro bancos más importantes gozan no del monopolio relativo, sino "del monopolio absoluto" en la emisión de valores. De hecho, se trata de un "*trust de los grandes bancos*". Y el monopolio garantiza beneficios monopolistas de las emisiones. Al hacerse los empréstitos, el país que los negocia no percibe habitualmente más del 90 % del total: el 10 % restante va a parar a los bancos y demás intermediarios. El beneficio de los bancos en el empréstito ruso-chino de 400 millones de francos fue del 8 %; en el ruso (1904) de 800 millones, del 10 %; en el marroquí (1904) de 62,5 millones, del 18,75 %. El capitalismo, que inició su desarrollo con el pequeño capital usurario, llega al final de este desarrollo con un capital usurario gigantesco. "Los franceses son los usureros de Europa", dice Lysis. Todas las condiciones de la vida económica sufren una modificación profunda a consecuencia de esta degeneración del capitalismo. En un estado de estancamiento de la población, de la industria, del comercio y del transporte marítimo, el "país" puede enriquecerse por medio de las operaciones usurarias. "Cincuenta personas, que representan un capital de 8 millones de francos, disponen así de *dos mil millones* colocados en cuatro bancos". El sistema de "participación", que ya conocemos, conduce a las mismas consecuencias: uno de los bancos más importantes, la Sociedad General (*Société Générale*), emitió 64 000 obligaciones de la filial, Refinerías de Azúcar de Egipto. El curso de la emisión era del 150 %, es decir, que el banco se embolsaba un beneficio de cincuenta céntimos por cada franco. Los dividendos de dicha sociedad resultaron ficticios, el "público" perdió de 90 a 100 millones de francos; "uno de los directores de la Sociedad General era miembro de la administración de las Refinerías". No tiene nada de sorprendente que el autor se vea obligado a llegar a la siguiente conclusión: "La República Francesa es una monarquía financiera"; "la omnipotencia de la oligarquía financiera es absoluta, domina a la prensa y al gobierno".*

Los excepcionales beneficios que proporciona la emisión de valores, como una de las operaciones principales del capital financiero, contribuyen mucho al desarrollo y consolidación de la oligarquía financiera. "En el interior del país no hay ningún negocio que dé, ni aproximadamente, un beneficio tan elevado como el servir de intermediario para la emisión de empréstitos extranjeros", dice la revista alemana *Die Bank*.†

"No hay ninguna operación bancaria que produzca beneficios tan elevados como las emisiones". En la emisión de valores de las empresas industriales, según los datos de *El Economista Alemán*, el beneficio medio anual fue el siguiente:

1895	38,6 %
1896	36,1 %
1897	66,7 %
1898	67,7 %
1899	66,9 %
1900	55,2 %

"En diez años, de 1891 a 1900, la emisión de valores industriales alemanes produjo un "beneficio" de *más de mil millones*".‡

Si durante los períodos de auge industrial los beneficios del capital financiero son desmesurados, durante los períodos de depresión se arruinan las pequeñas empresas y las empresas poco fuertes, mientras que los grandes bancos

---

* Lysis. *Contre l'oligarchie financière en France*, 5ª ed., París, 1908, págs, 11, 12, 26, 39, 40, 48.

† *Die Bank*, 1913, Nº 7, pág. 630.

‡ Stillich. Obra cit., pág. 143 y W. Sombart. *Die deutsche Volkswirtschaft im 19. Jahrhundert*, 2ª ed., 1909, pág. 526, apéndice 8.

"participan" en la adquisición de las mismas a bajo precio o en su lucrativo "saneamiento" y "reorganización". Al efectuarse el "saneamiento" de las empresas deficitarias, "el capital en acciones sufre una baja, esto es, los beneficios son distribuidos sobre un capital menor y se calculan en lo sucesivo a base de ese capital. O si la rentabilidad ha quedado reducida a cero, se incorpora nuevo capital, el cual, al unirse con el capital viejo, menos lucrativo, produce ya un beneficio suficiente. Conviene decir —añade Hilferding— que todos esos saneamientos y reorganizaciones tienen una doble importancia para los bancos: primero, como operación lucrativa, y segundo, como ocasión propicia para colocar a esas sociedades necesitadas bajo su dependencia".*

He aquí un ejemplo: el de la Sociedad Anónima Minera Unión, de Dortmund, fundada en 1872. Fue emitido un capital en acciones por cerca de 40 millones de marcos, y cuando el primer año se percibió un dividendo del 12 %, el curso se elevó hasta el 170 %. El capital financiero se quedó con la nata, embolsándose la pequeñez de unos 28 millones de marcos. Desempeñó el papel principal en la fundación de dicha sociedad ese mismo gran banco alemán Sociedad de Descuento, que sin contratiempos alcanzó un capital de 300 millones. Después, los dividendos de la Unión descendieron hasta desaparecer. Los accionistas hubieron de acceder a liquidar una parte del capital, es decir, a sacrificar una parte para no perderlo todo. Como resultado de una serie de "saneamientos", de los libros de la sociedad Unión desaparecen, en el transcurso de treinta años, más de 73 millones de marcos. "En la actualidad, los accionistas fundadores de esta sociedad tienen en sus manos únicamente el 5 % del valor nominal de sus acciones";† y a cada nuevo "saneamiento" los bancos han seguido "embolsándose ganancias".

Una de las operaciones particularmente lucrativas del capital financiero es también la especulación con terrenos situados en las afueras de las grandes ciudades que crecen rápidamente. El monopolio de los bancos se funde en este caso con el monopolio de la renta del suelo y con el monopolio de transportes, pues el aumento de los precios de los terrenos, la posibilidad de venderlos ventajosamente por partes, etc., dependen principalmente de los buenos medios de comunicación con la parte céntrica de la ciudad, los cuales se hallan en manos de grandes compañías, ligadas con esos mismos bancos mediante el sistema de participación y la distribución de los puestos directivos. Resulta de todo ello lo que el autor alemán L. Eschwege, colaborador de la revista *Die Bank* que ha estudiado especialmente las operaciones de la venta e hipoteca de terrenos, etc., califica de "charca": la desenfrenada especulación con los terrenos de las afueras de las ciudades, las quiebras de las empresas de construcciones, como, por ejemplo, la casa berlinesa Boswau y Knauer, que se había embolsado hasta 100 millones de marcos por mediación del banco "más importante y respetable", el Banco Alemán (*Deutsche Bank*), el cual, naturalmente, obraba según el sistema de la "participación", esto es, en secreto, en la sombra, y salió del paso no perdiendo "más" que 12 millones de marcos; después, la ruina de los pequeños patronos y de los obreros que no consiguen percibir ni un céntimo de las ficticias empresas de construcción; los trapicheos con la "honrada" policía berlinesa y la administración urbana para hacerse con el servicio de información sobre los terrenos y las autorizaciones del municipio para construir, etc., etc.‡

Las "costumbres norteamericanas" de que tan hipócritamente se lamentan los profesores europeos y los bien intencionados burgueses, en la época del capital financiero se han convertido en costumbres, literalmente, de toda ciudad importante de cualquier país.

En Berlín, a principios de 1914, se hablaba de la fundación de un "trust del transporte", esto es, una "comunidad de intereses" de las tres empresas berlinesas de transporte: los ferrocarriles eléctricos urbanos, la sociedad de tranvías y la de ómnibus. "Que este propósito existe —decía la revista *Die Bank*— lo sabíamos desde que se hizo del dominio público que la mayoría de las acciones de la sociedad de ómnibus había sido adquirida por las otras dos sociedades del transporte... Se puede dar entero crédito a quienes persiguen dicho propósito,

---

* Hilferding. Obra cit., pág. 172.

† Stillich. Obra cit., pág. 138; Liefmann, pág. 51.

‡ *Die Bank*, 1913, pág. 952; L. Eschwege, *Der Sumpf*, ibíd., 1912, 1, págs. 223 y siguientes.

cuando afirman que, mediante la regulación uniforme de los transportes, tienen la esperanza de obtener economías, de una parte de las cuales, en resumidas cuentas, podría beneficiarse el público. Pero el asunto se complica porque detrás de ese trust del transporte en formación están los bancos, que, si quieren, pueden subordinar los medios de comunicación que ellos monopolizan a los intereses de su tráfico de terrenos. Para convencerse de lo justificado de esta suposición basta recordar que, al ser fundada la sociedad del ferrocarril eléctrico urbano, se hallaban ya mezclados en ella los intereses del gran banco que patrocinó ese paso. Esto es: los intereses de la mencionada empresa de transporte se entrelazaban con los del comercio de terrenos. El quid del asunto era que la línea oriental de dicho ferrocarril debía pasar por terrenos que más tarde ese banco, cuando la construcción del ferrocarril estaba ya asegurada, vendió con un enorme beneficio para sí y para algunas personas que intervinieron en el negocio…"*

El monopolio, por cuanto está constituido y maneja miles de millones, penetra de un modo absolutamente inevitable en *todos* los aspectos de la vida social, independientemente del régimen político y de cualquiera otra "particularidad". En las publicaciones alemanas sobre economía son habituales los autobombos serviles a la honradez de los funcionarios prusianos y las alusiones al Panamá francés[18] o a la venalidad política norteamericana. Pero el hecho es que *aun* las publicaciones burguesas consagradas a los asuntos bancarios de Alemania, se ven constantemente obligadas a salirse mucho de los límites de las operaciones puramente bancarias y a escribir, por ejemplo, sobre la "tendencia a entrar en los bancos", a propósito de los casos, cada día más frecuentes, de funcionarios que pasan al servicio de los bancos. "¿Qué se puede decir de la incorruptibilidad del funcionario del Estado cuya secreta aspiración consiste en hallar una sinecura en la Behrenstrasse?"† (calle de Berlín en que se encuentra el Banco Alemán). Alfredo Lansburgh, director de la revista *Die Bank*, escribió en 1909 un artículo titulado: *La significación económica des bizantinismo*, con motivo, entre otras cosas, del viaje de Guillermo II a Palestina y del "resultado directo de este viaje, la construcción del ferrocarril de Bagdad, esta fatal "gran obra del espíritu emprendedor alemán", que es más culpable de nuestro "cerco" que todos nuestros pecados políticos juntos"‡ (por "cerco" se sobreentiende la política de Eduardo VII encaminada a aislar a Alemania y rodearla con el anillo de una alianza imperialista antialemana). Eschwege, colaborador de esa misma revista aludido ya más arriba, escribió en 1911 un artículo titulado *La plutocracia y los funcionarios*, en el cual denunciaba, por ejemplo, el caso del funcionario alemán Völker, que, siendo miembro de la comisión de cartels, se distinguía por su energía, y poco tiempo después ocupaba un cargo lucrativo en el cártel más importante, el sindicato del acero. Los casos de ese género, que no son ni mucho menos casuales, obligaron a ese mismo escritor burgués a reconocer que "la libertad económica, garantizada por la Constitución alemana, se ha convertido en muchas esferas de la vida económica en una frase sin sentido", y que, con la dominación a que ha llegado la plutocracia, "ni la libertad política más amplia nos puede salvar de convertirnos en un pueblo de hombres faltos de libertad".§

En lo que se refiere a Rusia, nos limitaremos a un solo ejemplo: hace unos años, todos los periódicos dieron la noticia de que Davídov, director del Departamento de Crédito, abandonaba su puesto en ese organismo del Estado para entrar al servicio de un banco importante con un sueldo, que a la vuelta de unos años debía representar, según el contrato, una suma de más de un millón de rublos. El Departamento de Crédito es una institución destinada a "unificar la actividad de todos los establecimientos de crédito del Estado" y que suministra a los bancos de la capital subsidios por valor de 800 a 1 000 millones de rublos.¶

Es propio del capitalismo en general el separar la propiedad del capital y la aplicación de éste a la producción, el separar el capital monetario y el industrial o productivo, el separar al rentista, que vive sólo de los ingresos procedentes del capital monetario, y al patrono y a todas las personas que

---

* *Verkehrstrust, Die Bank,* 1914, 1, pág. 89.

† *Der Zug zur Bank, Die Bank,* 1909, 1, pág. 79.

‡ Artículo citado en *Die Bank,* pág. 301.

§ Ibid, 1911, pág. 825; 1913, 2, pág. 962.

¶ E. Agahd, pág. 202.

participan directamente en la gestión del capital. El imperialismo, o dominio del capital financiero, es el capitalismo en su grado más alto, en el que esta separación adquiere unas proporciones inmensas. El predominio del capital financiero sobre todas las demás formas de capital implica el predominio del rentista y de la oligarquía financiera, la situación destacada de unos cuantos Estados, dotados de "potencia" financiera, entre todos los demás. El volumen de este proceso nos lo dan a conocer los datos estadísticos de las emisiones de toda clase de valores.

En el *Boletín del Instituto Internacional de Estadística*, A. Neymarck* ha publicado los datos más detallados, completos y susceptibles de comparación sobre las emisiones en todo el mundo, datos que después han sido reproducidos a menudo parcialmente en las publicaciones económicas. He aquí los datos correspondientes a cuatro decenios.

Total de las emisiones en miles de millones de francos cada diez años

1871–1880	76,1
1881–1890	64,5
1891–1900	100,4
1901–1910	197,8

Entre 1870 y 1880, el total de las emisiones aparece elevado en todo el mundo, particularmente por los empréstitos, en relación con la guerra franco-prusiana y la Gründerzeit que le siguió en Alemania. En general, el aumento durante los tres últimos decenios del siglo XIX es relativamente lento, y sólo en el primer decenio del siglo XX alcanza grandes proporciones, duplicándose casi en diez años. Los comienzos del siglo XX constituyen, pues, una época de viraje, no sólo desde el punto de vista del acrecentamiento de los monopolios (cartels, sindicatos, trusts), de lo cual hemos hablado ya, sino también desde el punto de vista del acrecentamiento del capital financiero.

El total de valores emitidos en el mundo era en 1910, según los cálculos de Neymarck, de unos 815 mil millones de francos. Deduciendo aproximadamente las repeticiones, rebaja la cifra a 575 ó 600 mil millones. He aquí la distribución por países (tomando la cifra de 600 mil millones):

Total de los valores en 1910 (En miles de millones de francos)

País	Valor		País	Valor
Inglaterra	142		Holanda	12,5
Estados Unidos	132	479	Bélgica	7,5
Francia	110		España	7,5
Alemania	95		Suiza	6,25
Rusia	31		Dinamarca	3,75
Austria-Hungría	24		Suecia, Noruega,	
Italia	14		Rumania, etc.	2,5
Japón	12			
			Total	600

Lo primero que salta a la vista al examinar estos datos es la fuerza con que se destacan los cuatro países capitalistas más ricos, que disponen aproximadamente de 100 a 150 mil millones de francos en valores. De esos cuatro, dos —Inglaterra y Francia— son los países capitalistas más viejos y, como veremos, los más ricos en colonias; los otros dos —los Estados Unidos y Alemania— son países capitalistas avanzados por la rapidez de desarrollo y el grado de difusión de los monopolios capitalistas en la producción. Los cuatro juntos tienen 479 mil millones de francos, esto es, cerca del 80 % del capital financiero mundial. Casi todo el resto del mundo ejerce, en una u otra forma, funciones de deudor y tributario de esos países, banqueros internacionales, de esos cuatro "pilares" del capital financiero mundial.

Conviene detenerse particularmente en el papel que desempeña la exportación de capitales en la creación de la red internacional de dependencias y de relaciones del capital financiero.

IV. LA EXPORTACIÓN DE CAPITAL

Lo que caracterizaba al viejo capitalismo, en el cual dominaba plenamente la libre competencia, era la exportación de *mercancías*. Lo que caracteriza al capitalismo moderno, en el que impera el monopolio, es la exportación de *capital*.

---

* *Bulletin de l'Institut international de statistique*, t. XIX, libro II, La Haya, 1912. Los datos sobre los Estados pequeños, segunda columna, han sido tomados aproximadamente según las normas de 1902 y aumentados en un 20 %.

El capitalismo es la producción de mercancías en el grado más elevado de su desarrollo, cuando incluso la fuerza de trabajo se convierte en mercancía. El incremento del cambio tanto en el interior del país como, particularmente, en el terreno internacional, es el rasgo característico del capitalismo. El desarrollo desigual, a saltos, de las distintas empresas y ramas de la industria y de los distintos países es inevitable bajo el capitalismo. Inglaterra es la primera que se convierte en país capitalista, y hacia mediados del siglo XIX, al implantar el librecambio, pretendió ser el "taller de todo el mundo", el proveedor de artículos manufacturados para todos los países, los cuales debían suministrarle, a cambio de ello, materias primas. Pero *este* monopolio de Inglaterra se vio quebrantado ya en el último cuarto del siglo XIX, pues algunos otros países, defendiéndose por medio de aranceles "proteccionistas", se habían transformado hasta convertirse en Estados capitalistas independientes. En el umbral del siglo XX asistimos a la formación de monopolios de otro género: primero, uniones monopolistas de capitalistas en todos los países de capitalismo desarrollado; segundo, situación monopolista de unos pocos países ricos, en los cuales la acumulación de capital había alcanzado proporciones gigantescas. Se produjo un enorme "excedente de capital" en los países avanzados.

Naturalmente, si el capitalismo hubiera podido desarrollar la agricultura, que hoy día se halla en todas partes enormemente atrasada con respecto a la industria; si hubiera podido elevar el nivel de vida de las masas de la población, la cual sigue arrastrando, a pesar del vertiginoso progreso de la técnica, una vida de subalimentación y de miseria, no habría motivo para hablar de un excedente de capital. Este "argumento" es el que esgrimen sin cesar los críticos pequeñoburgueses del capitalismo. Pero entonces el capitalismo dejaría de ser capitalismo, pues el desarrollo desigual y subalimentación de las masas son las condiciones y las premisas básicas e inevitables de este modo de producción. Mientras el capitalismo sea capitalismo, el excedente de capital no se consagra a la elevación del nivel de vida de las masas del país, ya que esto significaría la disminución de las ganancias de los capitalistas, sino al acrecentamiento de estos beneficios mediante la exportación de capitales al extranjero, a los países atrasados. En estos países atrasados el beneficio es de ordinario elevado, pues los capitales son escasos, el precio de la tierra relativamente poco considerable, los salarios bajos y las materias primas baratas. La posibilidad de la exportación de capitales la determina el hecho de que una serie de países atrasados han sido ya incorporados a la circulación del capitalismo mundial, han sido construidas las principales líneas ferroviarias o se ha iniciado su construcción, se han asegurado las condiciones elementales de desarrollo de la industria, etc. La necesidad de la exportación de capitales obedece al hecho de que en algunos países el capitalismo ha "madurado excesivamente" y al capital (atendido el desarrollo insuficiente de la agricultura y la miseria de las masas) le falta campo para su colocación "lucrativa".

He aquí datos aproximados sobre la cuantía de los capitales invertidos en el extranjero por los tres países más importantes:*

Capital invertido en el extranjero
(En miles de millones de francos)

Años	Inglaterra	Francia	Alemania
1862	3,6	—	—
1872	15	10 (1869)	—
1882	22	15 (1880)	?
1893	42	20 (1890)	?
1902	62	27–37	12,5
1914	75–100	60	44,00

Estos datos nos muestran que la exportación de capitales sólo adquiere un desarrollo gigantesco a principios del siglo XX. En vísperas de la guerra, el capital invertido en el extranjero por los tres países principales era de 175 a 200 mil millones de francos. La renta de esta suma, tomando como base

---

* Hobson. *Imperialism*, Londres, 1902, pág. 58; Riesser. Obra cit., págs. 395 y 404; P. Arndt. En *Weltwirtschaftliches Archiv*, t. 7, 1916, pág. 35; Neymarck. En el *Bulletin*; Hilferding. *El capital financiero*, pág. 492; Lloyd George. Discurso en la Cámara de los Comunes, 4 de mayo de 1915, *Daily Telegraph* del 5 de mayo de 1915; B. Harms, *Probleme der Weltwirtschaft*, Jena, 1912, págs. 235 y otras; Dr. Siegmund Schilder. *Entwicklungstendenzen der Weltwirtschaft*, Berlín, 1912, vol. 1, pág. 150; George Paish. *Great Britain's Capital Investmentes*, etc., en *Journal of the Royal Statistical Society*, vol. LXXIV, 1910–1911, págs. 167 y siguientes.; Georges Diouritch. *L'Expansion des banques allemandes à l'étranger, ses rapports avec le développement économique de l'Allemagne*, París. 1909, pág. 84.

el modesto tipo del 5 %, debe ascender a 8 ó 10 mil millones anuales. ¡Una buena base para el yugo y la explotación imperialista de la mayoría de los países y naciones del mundo, para el parasitismo capitalista de un puñado de Estados riquísimos!

¿Cómo se distribuye entre los distintos países ese capital invertido en el extranjero; *dónde* está colocado? A estas preguntas no se puede dar más que una respuesta aproximada, la cual es capaz, sin embargo, de aclarar algunas relaciones y lazos generales del imperialismo moderno:

Partes del mundo entre las cuales se hallan distribuidos (aproximadamente) los capitales invertidos en el extranjero (hacia 1910)
(En miles de millones de marcos)

	Inglaterra	Francia	Alemania	Total
Europa	4	23	18	45
América	37	4	10	51
Asia, África, Australia	29	8	7	44
Total	70	35	35	140

Por lo que se refiere a Inglaterra, aparecen en primer plano sus posesiones coloniales, las cuales son muy grandes, incluso en América (por ejemplo, el Canadá), sin hablar ya de Asia, etc. La gigantesca exportación de capitales se halla en el caso de Inglaterra estrechamente relacionada con las colonias gigantescas, de cuya significación para el imperialismo volveremos a hablar más adelante. Distinto es el caso de Francia, cuyo capital extranjero se halla invertido principalmente en Europa, y en primer lugar en Rusia (10 mil millones de francos por lo menos), con la particularidad de que se trata sobre todo de capital *de préstamo,* de empréstitos públicos y no de capital invertido en empresas industriales. A diferencia del imperialismo inglés, que es colonial, el imperialismo francés puede ser calificado de usurario. Alemania ofrece una tercera variedad: sus colonias no son grandes, y el capital exportado lo tiene invertido en proporciones más iguales entre Europa y América.

La exportación de capitales repercute en el desarrollo del capitalismo dentro de los países en que aquellos son invertidos, acelerándolo extraordinariamente. Si, debido a esto, dicha exportación puede, hasta cierto punto, ocasionar un estancamiento del desarrollo en los países exportadores, ello se puede producir únicamente a cambio de una extensión y un ahondamiento mayores del desarrollo del capitalismo en todo el mundo.

Los países que exportan capital pueden casi siempre obtener ciertas "ventajas", cuyo carácter arroja luz sobre las particularidades de la época del capital financiero y del monopolio. He aquí, por ejemplo, lo que decía en octubre de 1913 la revista berlinesa *Die Bank:*

"En el mercado internacional de capitales se está representando desde hace poco tiempo una comedia digna de un Aristófanes. Un buen número de Estados, desde España hasta los Balcanes, desde Rusia hasta la Argentina, el Brasil y China se presentan, abierta o encubiertamente, ante los grandes mercados de dinero exigiendo, a veces con extraordinaria insistencia, la concesión de empréstitos. Los mercados de dinero no se hallan actualmente en una situación muy brillante, y las perspectivas políticas no son halagüeñas. Pero ninguno de los mercados monetarios se decide a negar un empréstito por miedo a que el vecino se adelante, lo conceda y, al mismo tiempo, se asegure ciertos servicios a cambio del servicio que él presta. En las transacciones internacionales de esa clase el acreedor obtiene casi siempre algo en provecho propio: un favor en el tratado de comercio, una base hullera, la construcción de un puerto, una concesión lucrativa o pedido de cañones".*

El capital financiero ha creado la época de los monopolios. Y los monopolios llevan siempre consigo los principios monopolistas: la utilización de las "relaciones" para las transacciones provechosas reemplaza a la competencia en el mercado abierto. Es muy corriente que entre las cláusulas del empréstito se imponga la inversión de una parte del mismo en la compra de productos al país acreedor, particularmente de armamentos, barcos, etc. Francia ha recurrido muy a menudo a este procedimiento en el transcurso de las dos últimas décadas (1890–1910). La exportación de capitales pasa a ser un medio de estimular la exportación de mercancías. Las transacciones que se efectúan en estos casos entre las más grandes empresas tienen un carácter tal, que, según

---

* *Die Bank,* 1913, N° 2, págs. 1024–1025.

el eufemismo de Schilder,* "lindan con el soborno". Krupp en Alemania, Schneider en Francia y Armstrong en Inglaterra constituyen otros tantos modelos de esas casas íntimamente ligadas con los bancos gigantescos y con los gobiernos, y de las cuales es difícil "prescindir" al negociarse un empréstito.

Francia, al mismo tiempo que concedía empréstitos a Rusia, le "impuso" en el tratado de comercio del 16 de septiembre de 1905 ciertas concesiones valederas hasta 1917; lo mismo cabe decir del tratado comercial suscrito el 19 de agosto de 1911 con el Japón. La guerra aduanera entre Austria y Servia, que se prolongó, con un intervalo de siete meses, de 1906 a 1911, se debió en parte a la competencia entre Austria y Francia en el suministro de material de guerra a Servia. Paul Deschanel declaró en el Parlamento, en enero de 1912, que entre 1908 y 1911 las casas francesas habían suministrado materiales de guerra a Servia por valor de 45 millones de francos.

En un informe del cónsul austro-húngaro en São Paulo (Brasil) se dice: "La construcción de los ferrocarriles brasileños se realiza, en su mayor parte, con capitales franceses, belgas, británicos y alemanes; dichos países, al efectuarse las operaciones financieras relacionadas con la construcción de las vías férreas, se reservan los pedidos de materiales de construcción ferroviaria".

Así, pues, el capital financiero tiende sus redes, en el sentido textual de la palabra, en todos los países del mundo. En este aspecto desempeñan un papel importante los bancos fundados en las colonias, así como sus sucursales. Los imperialistas alemanes miran con envidia a los "viejos" países coloniales, los cuales disfrutan en este aspecto de condiciones particularmente "ventajosas". Inglaterra tenía en 1904 un total de 50 bancos coloniales con 2 279 sucursales (en 1910, eran 72 bancos con 5 449 sucursales); Francia tenía 20 con 136 sucursales; Holanda poseía 16 con 68; mientras que Alemania tenía "solamente" 13 con 70 sucursales.† Los capitalistas norteamericanos envidian a su vez a los ingleses y alemanes: "En América del Sur —se lamentaban en 1915— 5 bancos alemanes tienen 40 sucursales, 5 ingleses 70 sucursales… Inglaterra y Alemania en el transcurso de los últimos veinticinco años han invertido en la Argentina, el Brasil y Uruguay 4 mil millones de dólares aproximadamente; como resultado de ello disfrutan del 46 % de todo el comercio de esos tres países".‡

Los países exportadores de capital se han repartido el mundo entre sí en el sentido figurado de la palabra. Pero el capital financiero ha llevado también al reparto *directo* del mundo.

V. EL REPARTO DEL MUNDO ENTRE LAS ASOCIACIONES DE CAPITALISTAS

Las asociaciones monopolistas de capitalistas —cartels, sindicatos, trusts— se reparten entre sí, en primer lugar, el mercado interior, apoderándose de un modo más o menos completo de la producción del país. Pero bajo el capitalismo el mercado interior está inevitablemente enlazado con el exterior. Hace ya mucho que el capitalismo ha creado un mercado mundial. Y a medida que ha ido aumentando la exportación de capitales y se han ido ensanchando en todas las formas las relaciones con el extranjero y con las colonias y las "esferas de influencia" de las más grandes asociaciones monopolistas, la marcha "natural" de las cosas ha llevado al acuerdo universal entre las mismas, a la constitución de cartels internacionales.

Es un nuevo grado de la concentración mundial del capital y de la producción, un grado incomparablemente más alto que los anteriores. Veamos cómo surge este supermonopolio.

La industria eléctrica es la más típica, desde el punto de vista de los últimos progresos de la técnica, para el capitalismo de *fines* del siglo XIX y principios del XX. Y donde ha adquirido un mayor impulso ha sido en los dos países capitalistas nuevos más avanzados, los Estados Unidos y Alemania. En Alemania contribuyó particularmente a la concentración de esta rama de la industria la crisis de 1900. Los bancos, que en aquella época se hallaban ya bastante ligados a la industria, aceleraron y ahondaron en el más

---

* Schilder. Obra cit., págs. 346, 350 y 371.

† Riesser. Obra cit., pág. 375 (4ª edición) y Diouritch, pág. 283.

‡ *The Annals of the American Academy of Political and Social Science,* vol. LIX, mayo de 1915, pág. 301. En esta misma publicación, en la pág. 331, leemos que en el último número de la revista financiera *Statist* el conocido especialista en estadística Paish calculaba en 40 mil millones de dólares, esto es, 200 mil millones de francos, los capitales exportados por Inglaterra, Alemania, Francia, Bélgica y Holanda.

alto grado durante dicha crisis la ruina de las empresas relativamente pequeñas, su absorción por las grandes. "Los bancos —dice Jeidels— negaron el apoyo precisamente a las empresas que más necesidad tenían de él, provocando con ello en un principio el ascenso vertiginoso y después el crac irreparable de las sociedades que no estaban suficientemente ligadas con ellos".*

Como resultado de ello, la concentración avanzó después de 1900 a pasos agigantados. Hasta 1900 hubo siete u ocho "grupos" en la industria eléctrica; cada uno de ellos estaba compuesto de varias sociedades (en total había 28) y detrás de cada uno había de 2 a 11 bancos. Hacia 1908-1912, todos esos grupos se fundieron en uno o dos. He aquí cómo se produjo dicho proceso:

Grupos en la industria eléctrica

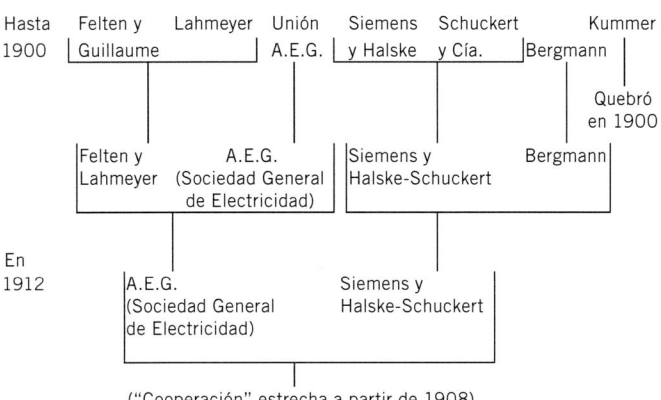

("Cooperación" estrecha a partir de 1908)

La famosa A.E.G. (Sociedad General de Electricidad), desarrollada de este modo, ejerce el dominio sobre 175 ó 200 sociedades (a través del sistema de "participación") y dispone de un capital total de cerca de 1 500 *millones* de marcos. Sólo en el extranjero cuenta con 34 representaciones directas, de las cuales 12 son sociedades anónimas establecidas en más de diez países. En 1904 se calculaba ya que los capitales invertidos por la industria eléctrica alemana en el extranjero ascendían a 233 millones de marcos, de los cuales 62 millones estaban colocados en Rusia. Excusado es decir que la Sociedad General de Electricidad constituye una gigantesca empresa "combinada" —sólo el número de sus sociedades fabriles es de 16— que produce los artículos más variados, desde cables y aisladores hasta automóviles y aparatos voladores.

Pero la concentración en Europa ha sido asimismo un elemento integrante del proceso de concentración en Norteamérica. He aquí cómo se ha producido:

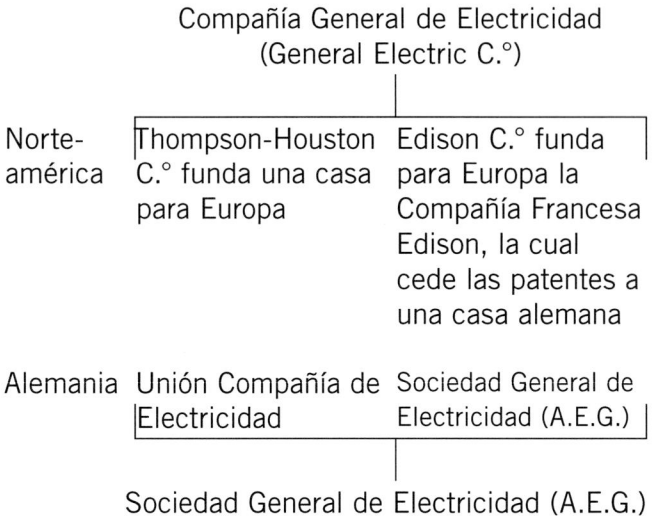

De este modo, se formaron *dos* "potencias" eléctricas. "En el mundo es imposible hallar una sola sociedad eléctrica que sea *completamente* independiente de ellas", dice Heinig en su artículo *Los caminos del trust de la electricidad*. Las cifras siguientes dan una idea, que dista mucho de ser completa, de las proporciones del giro y la magnitud de las empresas de ambos "trusts".

	Años	Giro (en millones de marcos)	Número de empleados	Beneficio neto (en millones de marcos)
Norteamérica: Compañía General de Electricidad (G.E.C.)	1907	252	28 000	35,4
	1910	298	32 000	45,6
Alemania: Sociedad General de Electricidad (A.E.G.)	1907	216	30 700	14,5
	1911	362	60 800	21,7

Y he aquí que en 1907 entre el trust norteamericano y el trust alemán se estipuló un acuerdo para el reparto del mundo. La competencia quedó

---

* Jeidels. Obra cit., pág. 232.

suprimida. La G.E.C. "recibió" los Estados Unidos y el Canadá; a la A.E.G. le "correspondieron" Alemania, Austria, Rusia, Holanda, Dinamarca, Suiza, Turquía y los Balcanes. Se concertaron acuerdos especiales, naturalmente secretos, con respecto a las filiales, que penetran en nuevas ramas de la industria y en países "nuevos" no repartidos todavía formalmente. Se estableció el intercambio de inventos y experimentos.*

Se comprende perfectamente hasta qué punto es difícil la competencia con ese trust, realmente único, mundial, que dispone de un capital de miles de millones y tiene sus "sucursales", representaciones, agencias, relaciones, etc. en todos los ámbitos del mundo. Pero el reparto del mundo entre dos trusts fuertes no excluye, naturalmente, *un nuevo reparto* si se modifica la relación de fuerzas a consecuencia de la desigualdad del desarrollo, de las guerras, de los cracs, etc.

La industria del petróleo nos ofrece un ejemplo instructivo de intento de un nuevo reparto de este género, de la lucha por conseguirlo.

"El mercado mundial del petróleo —escribió Jeidels en 1905— se halla todavía actualmente repartido entre dos grandes grupos financieros: el trust norteamericano Standard Oil C° de Rockefeller, y los dueños del petróleo ruso de Bakú, es decir, Rothschild y Nóbel. Ambos grupos están íntimamente ligados entre sí, pero su situación de monopolio se halla amenazada hace ya algunos años por cinco enemigos":† 1) el agotamiento de los yacimientos norteamericanos de petróleo; 2) la competencia de la casa Mantáshev en Bakú; 3) los yacimientos de Austria; 4) los de Rumania; 5) los yacimientos de petróleo transoceánicos, particularmente en las colonias holandesas (las riquísimas casas Samuel y Shell, enlazadas también con el capital inglés). Los tres últimos grupos de empresas están relacionados con los grandes bancos alemanes, y en primer término con el Banco Alemán, el más importante de ellos. Estos bancos han impulsado de un modo sistemático e independiente la industria petrolera, por ejemplo, en Rumania, a fin de tener "su" punto de apoyo. En 1907 se calculaba que en la industria rumana del petróleo había capitales extranjeros por valor de 185 millones de francos, de los cuales 74 millones eran alemanes.‡

Empezó lo que en las publicaciones económicas se denomina lucha por el "reparto del mundo". Por una parte, la Standard Oil de Rockefeller, deseosa de apoderarse de *todo*, fundó una filial en la *misma* Holanda, adquiriendo los yacimientos de la India holandesa y tratando de asestar así un golpe a su enemigo principal: el trust holandés-británico Shell. Por otra parte, el Banco Alemán y otros bancos berlineses trataban de "conservar" a Rumania y unirla a Rusia contra Rockefeller. Este último poseía un capital incomparablemente más cuantioso y una magnífica organización de transporte y abastecimiento a los consumidores. La lucha debía terminar y terminó en 1907, con la derrota completa del Banco Alemán, ante el cual se abrían dos caminos: o liquidar con millones de pérdidas sus "intereses petroleros" o someterse. Escogió el segundo y pactó un acuerdo muy poco ventajoso con la Standard Oil. En dicho acuerdo se comprometía "a no hacer nada en perjuicio de los intereses norteamericanos", con la salvedad, sin embargo, de que el convenio perdería su vigor en el caso de que en Alemania llegara a aprobarse una ley implantando el monopolio del Estado sobre el petróleo.

Entonces empieza la "comedia del petróleo". Von Gwinner, director del Banco Alemán y uno de los reyes financieros de Alemania, organiza por mediación de su secretario particular Stauss una campaña en *favor* del monopolio del petróleo. Se pone en juego todo el gigantesco aparato del más importante banco berlinés, todas las vastas "relaciones" de que dispone, la prensa se llena de clamores "patrióticos" contra el "yugo" del trust norteamericano, y el Reichstag, casi por unanimidad, decide el 15 de marzo de 1911 invitar al gobierno a que prepare un proyecto de monopolio del petróleo. El gobierno acogió esta idea "popular", y el Banco Alemán, deseoso de engañar a su rival norteamericano y de arreglar sus negocios mediante el monopolio del Estado, parecía haber ganado la partida. Los reyes alemanes del petróleo se frotaban ya las manos

---

* Riesser. Obra cit.; Diouritsch. Obra cit., pág. 239; Kurt Heinig, Art. Cit.

† Jeidels, págs. 192–193.

‡ Diouritch, págs. 245–246.

de gusto pensando en sus beneficios fabulosos, que no serían inferiores a los de los fabricantes de azúcar rusos... Pero, en primer lugar, los grandes bancos alemanes se malquistaron entre sí a causa del reparto del botín, y la Sociedad de Descuento puso al descubierto las miras interesadas del Banco Alemán; en segundo lugar, al gobierno le asustó la idea de una lucha con Rockefeller, pues era muy dudoso que Alemania pudiera procurarse petróleo sin contar con él (el rendimiento de Rumania no es muy considerable); en tercer lugar, casi al mismo tiempo, en 1913, se votaba un crédito de mil millones para los preparativos de guerra de Alemania. El proyecto de monopolio quedó aplazado. Por el momento, la Standard Oil de Rockefeller salió victoriosa de la lucha.

La revista berlinesa *Die Bank* escribió a este propósito que Alemania no podría luchar con la Standard Oil más que implantando el monopolio de la electricidad y convirtiendo la fuerza hidráulica en energía eléctrica barata. Pero —añadía— "el monopolio de la electricidad vendrá cuando lo necesiten los productores; cuando nos hallemos en vísperas de otro gran crac, esta vez en la industria eléctrica, y cuando no puedan ya funcionar con beneficio las gigantescas y costosas centrales eléctricas que ahora están construyendo en todas partes los 'consorcios' privados de la industria eléctrica, y para las cuales dichos "consorcios" obtienen ya ahora distintos monopolios de los municipios, de los Estados, etc. Entonces será necesario poner en marcha las fuerzas hidráulicas; pero no será posible convertirlas en electricidad barata por cuenta del Estado, sino que se hará preciso entregarlas también a un "monopolio privado sometido al control del Estado", pues la industria privada ha concertado ya bastantes transacciones y estipulado grandes indemnizaciones... Así ocurrió con el monopolio de la potasa, así sucede con el monopolio del petróleo, así será con el monopolio de la electricidad. Es hora ya de que nuestros socialistas de Estado, que se dejan deslumbrar por principios brillantes, comprendan, por fin, que en Alemania los monopolios no se han propuesto nunca ni se planteaban el proporcionar beneficios a los consumidores o, por lo menos, el poner a disposición del Estado una parte de los beneficios patronales, sino que han servido únicamente para sanear a costa del Estado la industria privada puesta casi al borde de la quiebra".*

Tales son las valiosas afirmaciones que se ven obligados a hacer los economistas burgueses de Alemania. Aquí vemos patentemente cómo, en la época del capital financiero, los monopolios de Estado y los privados se entretejen formando un todo y como, tanto los unos como los otros, no son en realidad más que distintos eslabones de la lucha imperialista que los más grandes monopolistas sostienen en torno al reparto del mundo.

En la marina mercante, el gigantesco proceso de concentración ha conducido asimismo al reparto del mundo. En Alemania se han destacado dos grandes sociedades: Hamburg-Amerika-Linie y Lloyd de la Alemania del Norte, ambas con un capital de 200 millones de marcos (acciones y obligaciones) cada una y poseyendo barcos por un valor de 185 a 189 millones de marcos. Por otra parte, en Norteamérica el 1 de enero de 1903 se fundó el llamado trust Morgan, la Compañía Internacional de Comercio Marítimo, que agrupa a nueve compañías navieras norteamericanas e inglesas y que dispone de un capital de 120 millones de dólares (480 millones de marcos). Ya en 1903, entre los colosos alemanes y ese trust anglo-americano se firmó un contrato sobre el reparto del mundo en relación con el reparto de los beneficios. Las sociedades alemanas renunciaron a la competencia en los transportes entre Inglaterra y Norteamérica. Se fijaron taxativamente los puertos "reservados" a cada uno, se creó un comité de control común, etc. El contrato fue concluido para veinte años, con la prudente reserva de que perdería su vigor en caso de guerra.†

Es también extraordinariamente instructiva la historia de la constitución del cartel internacional del raíl. La primera vez que las fábricas de raíles inglesas, belgas y alemanas intentaron constituir dicho cartel fue en 1884, en un período de muy grave depresión industrial. Se pusieron de acuerdo para que los firmantes del pacto no compitieran en los mercados interiores de sus respectivos países, y los mercados exteriores se distribuyeran con arreglo a la proporción siguiente: Inglaterra el 66%,

---

* *Die Bank*, 1912, 1, pág. 1035; 1912, 2, págs. 829 y 1036; 1913, 1, pág. 388.

† Riesser. Obra cit., pág. 125.

Alemania el 27% y Bélgica el 7%. La India quedó enteramente a disposición de Inglaterra. Se hizo en común la guerra a una compañía inglesa que se había quedado al margen del acuerdo. Los gastos de dicha guerra fueron cubiertos con un tanto por ciento de las ventas generales. Pero en 1886, al retirarse del cartel dos casas inglesas, éste se desmoronó. Es elocuente el hecho de que no fuera posible conseguir el acuerdo durante los períodos de prosperidad industrial que siguieron.

A principios de 1904 fue fundado el sindicato del acero de Alemania. En noviembre del mismo año volvió a formarse el cartel internacional del raíl, con la proporción siguiente: Inglaterra el 53,5%, Alemania el 28,83% y Bélgica el 17,67%. Más tarde se incorporó Francia con el 4,8%, 5,8% y 6,4% en el primero, segundo y tercer año respectivamente, sobre el 100%, es decir, calculando sobre un total del 104,8%, y así sucesivamente. En 1905 se adhirió el Trust del Acero de los Estados Unidos (Corporación del Acero); después se sumaron Austria y España. "En el momento actual —decía Vogelstein en 1910—, el reparto del mundo está terminado, y los grandes consumidores, en primer lugar los ferrocarriles del Estado, pueden vivir —puesto que el mundo está ya repartido, sin tener en cuenta sus intereses—, como el poeta, en los cielos de Júpiter".*

Recordemos también el sindicato internacional del zinc, fundado en 1909, que hizo una distribución exacta del volumen de la producción entre cinco grupos de fábricas: alemanas, belgas, francesas, españolas e inglesas; después, el trust internacional de la pólvora, esa "estrecha alianza, completamente moderna —según palabras de Liefmann—, de todas las fábricas alemanas de explosivos, que más tarde, reunidas a las fábricas de dinamita francesas y norteamericanas, organizadas de un modo análogo, se han repartido, por decirlo así, el mundo entero".†

Según Liefmann, en 1897 había cerca de 40 cartels internacionales con la participación de Alemania; en 1910 se aproximaban ya al centenar.

Algunos escritores burgueses (a los cuales se ha unido ahora Kautsky, que ha traicionado completamente su posición marxista, por ejemplo, de 1909) han expresado la opinión de que los cartels internacionales, siendo como son una de las expresiones de mayor relieve de la internacionalización del capital, permiten abrigar la esperanza de que la paz entre los pueblos llegará a imperar bajo el capitalismo. Esta opinión es desde el punto de vista teórico completamente absurda, y desde el punto de vista práctico un sofisma, un medio de defensa poco honrado del oportunismo de la peor especie. Los cartels internacionales muestran hasta qué grado han crecido ahora los monopolios capitalistas y *cuáles son los objetivos* de la lucha que se desarrolla entre los grupos capitalistas. Esta última circunstancia es la más importante, sólo ella nos aclara el sentido histórico-económico de los acontecimientos, pues la *forma* de lucha puede cambiar y cambia constantemente en dependencia de diversas causas, relativamente particulares y temporales, mientras que la *esencia* de la lucha, su *contenido* de clase *no puede* cambiar mientras subsistan las clases. Se comprende que los intereses de la burguesía alemana, por ejemplo, a la cual se ha pasado en realidad Kautsky en sus razonamientos teóricos (como veremos más abajo), dicten la conveniencia de velar el *contenido* de la lucha económica actual (por el reparto del mundo), de subrayar ya una ya otra *forma* de dicha lucha. En este mismo error incurre Kautsky. Y no se trata sólo, naturalmente, de la burguesía alemana, sino de la burguesía mundial. Los capitalistas no se reparten el mundo llevados de una particular perversidad, sino porque el grado de concentración a que se ha llegado les obliga a seguir este camino para obtener beneficios; y se lo reparten "según el capital", "según la fuerza"; otro procedimiento de reparto es imposible en el sistema de la producción mercantil y del capitalismo. La fuerza varía a su vez en consonancia con el desarrollo económico y político; para comprender lo que está aconteciendo hay que saber cuáles son los problemas que se solucionan con los cambios de la fuerza, pero saber si dichos cambios son "puramente" económicos o *extra*económicos (por ejemplo, militares), es un asunto secundario que no puede hacer variar en nada la concepción fundamental sobre la época actual del capitalismo. Suplantar el *contenido* de la lucha y de las transacciones entre los grupos capitalistas por la forma de esta lucha y de estas transacciones (hoy pacífica, mañana no pacífica,

---

* Vogelstein. *Organisationsformen,* pág. 100.

† Liefmann. *Kartelle und Trusts,* 2ª ed., pág. 161.

pasado mañana otra vez no pacífica) significa descender hasta el papel de sofista.

La época del capitalismo contemporáneo nos muestra que entre los grupos capitalistas se están estableciendo determinadas relaciones *sobre la base* del reparto económico del mundo, y que, al mismo tiempo, en conexión con esto, se están estableciendo entre los grupos políticos, entre los Estados, determinadas relaciones sobre la base del reparto territorial del mundo, de la lucha por las colonias, de la "lucha por el territorio económico".

VI. EL REPARTO DEL MUNDO ENTRE LAS GRANDES POTENCIAS

En su libro sobre la "extensión territorial de las colonias europeas",* el geógrafo A. Supan ofrece el siguiente resumen de dicha extensión a fines del siglo XIX:

Porcentaje de territorio perteneciente a las potencias coloniales Europeas y a los Estados Unidos

	1876	1900	Aumento
África	10,8 %	90,4 %	+79,6 %
Polinesia	56,8 %	98,9 %	+42,1 %
Asia	51,5 %	56,6 %	+5,1 %
Australia	100,0 %	100,0 %	—
América	27,5 %	27,2 %	-0,3 %

"El rasgo característico de este período —concluye el autor— es, por consiguiente, el reparto de África y Polinesia". Como ni en Asia ni en América hay tierras desocupadas, es decir, que no pertenezcan a ningún Estado, hay que ampliar la conclusión de Supan y decir que el rasgo característico del período que nos ocupa es el reparto definitivo del planeta, definitivo no en el sentido de que sea imposible *repartirlo de nuevo* —al contrario, nuevos repartos son posibles e inevitables—, sino en el de que la política colonial de los países capitalistas *ha terminado ya* la conquista de todas las tierras no ocupadas que había en nuestro planeta. Por vez primera, el mundo se encuentra ya repartido, de modo que lo que en adelante puede efectuarse son *únicamente* nuevos repartos, es decir, el paso de territorios de un "propietario" a otro, y no el paso de un territorio sin propietario a un "dueño".

Vivimos, por consiguiente, en una época peculiar de la política colonialista mundial que se halla íntimamente relacionada con la "fase contemporánea de desarrollo del capitalismo", con el capital financiero. Por eso es necesario detenerse más detalladamente ante todo en los datos concretos, para formarnos una idea lo más precisa posible de la diferencia existente entre esta época y las precedentes, así como de la situación actual. En primer término surgen dos cuestiones concretas: ¿Se observa una acentuación de la política colonial, una exacerbación de la lucha por las colonias, precisamente, en la época del capital financiero? ¿Cómo se halla repartido el mundo en la actualidad desde este punto de vista?

El escritor norteamericano Morris, en su libro sobre la historia de la colonización,† intenta reunir los datos sobre la extensión de las posesiones coloniales de Inglaterra, Francia y Alemania en los distintos períodos del siglo XIX. He aquí, brevemente expuestos, los resultados obtenidos:

Posesiones coloniales

	Inglaterra		Francia		Alemania	
Años	Superficie (en millones de millas cuadradas)	Población (en millones)	Superficie (en millones de millas cuadradas)	Población (en millones)	Superficie (en millones de millas cuadradas)	Población (en millones)
1815–30	?	126,4	0,02	0,5	—	—
1860	2,5	145,1	0,2	3,4	—	—
1880	7,7	267,9	0,7	7,5	—	—
1899	9,3	309,0	3,7	56,4	1,0	14,7

Para Inglaterra el período de intensificación enorme de las conquistas coloniales corresponde a los años de 1860 a 1880, y es muy considerable durante los últimos veinte años del siglo XIX. Para Francia y Alemania corresponde justamente a estos veinte años. Hemos visto más arriba que el período del desarrollo máximo del capitalismo premonopolista, el capitalismo en el que predomina la libre competencia, abarca de 1860 a 1870. Ahora vemos que *es justamente después de este período* cuando

---

* A. Supan. *Die territoriale Entwicklung der europäischen Kolonien*, 1906, pág. 254.

† Henry C. Morris. *The History of Colonization*, New York, 1900, t. II, pág. 88; I, 419; II, 304.

empieza el enorme "auge" de conquistas coloniales, se exacerba hasta un grado extraordinario la lucha por el reparto territorial del mundo. Es indudable, por consiguiente, que el paso del capitalismo a la fase de capitalismo monopolista, al capital financiero, *se halla relacionado* con la exacerbación de la lucha por el reparto del mundo.

Hobson destaca en su obra sobre el imperialismo los años que van de 1884 a 1900 como un período de intensa "expansión" de los principales Estados europeos. Según sus cálculos, Inglaterra adquirió durante ese tiempo 3 700 000 millas cuadradas con una población de 57 millones de habitantes; Francia, 3 600 000 millas cuadradas con 36,5 millones de habitantes; Alemania, 1 000 000 de millas cuadradas con 14,7 millones de habitantes; Bélgica, 900 000 millas cuadradas con 30 millones de habitantes; Portugal, 800 000 millas cuadradas con 9 millones de habitantes. A fines del siglo XIX, sobre todo desde la década del 80, todos los Estados capitalistas se esforzaron por adquirir colonias, lo que constituye un hecho universalmente conocido de la historia de la diplomacia y de la política exterior.

En la época de mayor florecimiento de la libre competencia en Inglaterra, entre 1840 y 1860, los dirigentes políticos burgueses de este país eran *adversarios* de la política colonial y consideraban útil e inevitable la emancipación de las colonias y su separación completa de Inglaterra. M. Beer indica en un artículo, publicado en 1898, sobre el "imperialismo inglés contemporáneo",* que en 1852 un estadista británico como Disraeli, tan inclinado en general al imperialismo, decía que "las colonias son una rueda de molino que llevamos atada al cuello". ¡En cambio, a fines del siglo XIX los héroes del día eran en Inglaterra Cecil Rhodes y José Chamberlain, que predicaban abiertamente el imperialismo y aplicaban una política imperialista con el mayor cinismo!

No carece de interés señalar que esos dirigentes políticos de la burguesía inglesa veían ya entonces clara la ligazón existente entre las raíces puramente económicas, por decirlo así, del imperialismo moderno y sus raíces sociales y políticas. Chamberlain predicaba el imperialismo como una "política justa, prudente y económica", señalando sobre todo la competencia con que ahora tropieza Inglaterra en el mercado mundial por parte de Alemania, Norteamérica y Bélgica. La salvación está en el monopolio, decían los capitalistas al fundar cartels, sindicatos y trusts. La salvación está en el monopolio, repetían los jefes políticos de la burguesía, apresurándose a adueñarse de las partes del mundo todavía no repartidas. Y Cecil Rhodes, según cuenta un íntimo amigo suyo, el periodista Stead, le decía a éste en 1895 a propósito de sus ideas imperialistas: "Ayer estuve en el East-End londinense (barriada obrera) y asistí a una asamblea de parados. Al oír allí discursos exaltados cuya nota dominante era ¡pan!, ¡pan! y al reflexionar, de vuelta a casa, sobre lo que había oído, me convencí, más que nunca, de la importancia del imperialismo… La idea que yo acaricio, representa la solución del problema social: para salvar a los cuarenta millones de habitantes del Reino Unido de una mortífera guerra civil, nosotros, los políticos colonialistas, debemos posesionarnos de nuevos territorios; a ellos enviaremos el exceso de población y en ellos encontraremos nuevos mercados para los productos de nuestras fábricas y de nuestras minas. El imperio, lo he dicho siempre, es una cuestión de estómago. Si queréis evitar la guerra civil, debéis convertiros en imperialistas".†

Así hablaba en 1895 Cecil Rhodes, millonario, rey de las finanzas y principal culpable de la guerra anglo-boer. Esta defensa del imperialismo es simplemente un poco grosera, cínica, pero, en el fondo, no se diferencia de la "teoría" de los señores Máslov, Südekum, Potrésov, David, del fundador del marxismo ruso, etc., etc. Cecil Rhodes era un socialchovinista algo más honrado…

Para dar un panorama lo más exacto posible del reparto territorial del globo y de los cambios habidos en este aspecto durante los últimos decenios, utilizaremos los resúmenes que Supan suministra en la obra mencionada sobre las posesiones coloniales de todas las potencias del mundo. Este autor compara los años 1876 y 1900; nosotros tomaremos el año 1876 —punto de referencia elegido muy acertadamente, ya que puede considerarse, en términos generales, que es precisamente entonces cuando termina el desarrollo del capitalismo de la Europa Occidental en su fase

---

* *Die Neue Zeit*, XVI, I, 1898, pág. 302.

† *Die Neue Zeit*, XVI, I, 1898, pág. 304.

premonopolista— y el año 1914, sustituyendo las cifras de Supan por las más recientes de Hübner, que tomamos de sus *Tablas geográfico-estadísticas*. Supan estudia sólo las colonias; nosotros consideramos útil (para que el cuadro del reparto del mundo sea completo) agregar unos breves datos sobre los países no coloniales y las semicolonias, entre las cuales incluimos a Persia, China y Turquía: el primero de estos países se ha transformado ya casi del todo en colonia; el segundo y el tercero van camino de convertirse.

Como resultado, obtendremos lo siguiente:

Posesiones coloniales de las grandes potencias
(En millones de kilómetros cuadrados y de habitantes)

Países	Colonias				Metrópolis		Total	
	1876		1914		1914		1914	
	Km²	Habit.	Km²	Habit.	Km²	Habit.	Km²	Habit.
Inglaterra	22,5	251,9	33,5	393,5	0,3	46,5	33,8	440,0
Rusia	17,0	15,9	17,4	33,2	5,4	136,2	22,8	169,4
Francia	0,9	6,0	10,6	55,5	0,5	39,6	11,1	95,1
Alemania	—	—	2,9	12,3	0,5	64,9	3,4	77,2
Estados Unidos	—	—	0,3	9,7	9,4	97,0	9,7	106,7
Japón	—	—	0,3	19,2	0,4	53,0	0,7	72,2
Total para las 6 grandes potencias	40,4	273,8	65,0	523,4	16,5	437,2	81,5	960,6
Colonias de las demás potencias (Bélgica, Holanda, etc.)							9,9	45,3
Semicolonias (Persia, China, Turquía)							14,5	361,2
Países restantes							28,0	289,9
Toda la Tierra							133,9	1657,0

Se ve claramente cómo a fines del siglo XIX y en los albores del siglo XX se hallaba ya "terminado" el reparto del mundo. Las posesiones coloniales se ensancharon en proporciones gigantescas después de 1876: en más del 50 %, de 40 a 65 millones de kilómetros cuadrados, para las seis potencias más importantes; el aumento es de 25 millones de kilómetros cuadrados, el 50 % más que la superficie de las metrópolis (16,5 millones). Tres potencias no poseían en 1876 colonias, y la cuarta, Francia, casi no las tenía. Para el año 1914, esas cuatro potencias habían adquirido colonias con una superficie de 14,1 millones de kilómetros cuadrados, es decir, el 50 % aproximadamente más que la superficie de Europa, con una población de casi 100 millones de habitantes. La desigualdad en la expansión colonial es muy grande. Si se comparan, por ejemplo, Francia, Alemania y el Japón, cuya diferencia no es muy considerable en cuanto a la superficie y al número de habitantes, resulta que el primero de dichos países ha adquirido casi tres veces más colonias (desde el punto de vista de la superficie) que el segundo y el tercero juntos. Pero por la cuantía del capital financiero, Francia, a principios del período que nos ocupa, era acaso también varias veces más rica que Alemania y el Japón juntos. La extensión de las posesiones coloniales no depende sólo de las condiciones puramente económicas, sino también, a base de éstas, de las condiciones geográficas, etc., etc. Por vigorosa que haya sido durante los últimos decenios la nivelación del mundo, la igualación de las condiciones económicas y de vida de los distintos países bajo la presión de la gran industria, del cambio y del capital financiero, la diferencia sigue siendo, sin embargo, respetable, y entre los seis países mencionados encontramos, por una parte, países capitalistas jóvenes, que han progresado con una rapidez extraordinaria (Norteamérica, Alemania y el Japón); por otra parte, hay países capitalistas viejos que durante los últimos años han progresado mucho más lentamente que los anteriores (Francia e Inglaterra); en tercer lugar figura un país, el más atrasado desde el punto de vista económico (Rusia), en el que el imperialismo capitalista moderno se halla envuelto, por así decirlo, en una red particularmente densa de relaciones precapitalistas.

Al lado de las posesiones coloniales de las grandes potencias hemos colocado las colonias menos importantes de los Estados pequeños, que son, por decirlo así, el objeto inmediato del "nuevo reparto" de las colonias, posible y probable. La mayor parte de esos Estados pequeños conservan sus colonias únicamente gracias a que entre las grandes potencias existen intereses contrapuestos, rozamientos, etc., que dificultan el acuerdo para el reparto del botín. En cuanto a los Estados "semicoloniales", nos dan un ejemplo de las formas de transición que hallamos en todas las esferas de la naturaleza y de la sociedad. El capital financiero es una fuerza tan considerable, puede decirse tan decisiva, en todas las relaciones económicas e internacionales, que es capaz de subordinar, y en efecto subordina, incluso a los Estados que gozan de la independencia política más completa, como lo veremos a continuación. Pero, se comprende, la subordinación más beneficiosa y más "cómoda" para el capital financiero es *aquella* que trae aparejada la pérdida de la independencia política de los países y de los pueblos sometidos. Los países semicoloniales son típicos, en este sentido, como "caso intermedio". Se comprende, pues, que la lucha en torno a esos países semidependientes haya tenido que exacerbarse sobre todo en la época del capital financiero, cuando el resto del mundo se hallaba ya repartido.

La política colonial y el imperialismo existían ya antes de la fase última del capitalismo y aun antes del capitalismo. Roma, basada en la esclavitud, mantuvo una política colonial y ejerció el imperialismo. Pero los razonamientos "generales" sobre el imperialismo, que olvidan o relegan a segundo término la diferencia radical de las formaciones económico-sociales, se convierten inevitablemente en trivialidades vacuas o en jactancias, tales como la de comparar "la gran Roma con la Gran Bretaña".* Incluso la política colonial capitalista de las fases *anteriores* del capitalismo se diferencia esencialmente de la política colonial del capital financiero.

La particularidad fundamental del capitalismo moderno consiste en la dominación de las asociaciones monopolistas de los grandes patronos. Dichos monopolios adquieren la máxima solidez cuando reúnen en sus manos *todas* las fuentes de materias primas, y ya hemos visto con qué ardor los grupos internacionales de capitalistas se esfuerzan por quitar al adversario toda posibilidad de competencia, por adquirir, por ejemplo, las tierras que contienen mineral de hierro, los yacimientos de petróleo, etc. La posesión de colonias es lo único que garantiza de una manera completa el éxito del monopolio contra todas las contingencias de la lucha con el adversario, aún cuando éste procura defenderse mediante una ley que implante el monopolio del Estado. Cuanto más desarrollado está el capitalismo, cuanto más sensible se hace la insuficiencia de materias primas, cuanto más dura es la competencia y la busca de fuentes de materias primas en todo el mundo, tanto más encarnizada es la lucha por la adquisición de colonias.

"Se puede aventurar la afirmación —escribe Schilder—, que a algunos puede parecer paradójica, de que el crecimiento de la población urbana e industrial en un futuro más o menos próximo puede más bien hallar obstáculos en la insuficiencia de materias primas para la industria, que en la de productos alimenticios". Así, por ejemplo, se agudiza la escasez de madera, que se va encareciendo cada vez más, de pieles y de materias primas para la industria textil. "Las asociaciones de industriales intentan establecer el equilibrio entre la agricultura y la industria dentro de toda la economía mundial; como ejemplo se puede citar la unión internacional de asociaciones de fabricantes de hilados de algodón de algunos de los países industriales más importantes, fundada en 1904, y la unión europea de asociaciones de fabricantes de hilados de lino, constituida en 1910 a imagen de la anterior".†

Claro que los reformistas burgueses, y entre ellos los kautskianos actuales sobre todo, intentan atenuar la importancia de esos hechos, indicando que las materias primas "podrían ser" adquiridas en el mercado libre sin una política colonial "cara y peligrosa", que la oferta de materias primas "podría ser" aumentada en proporciones gigantescas con el "simple" mejoramiento de las condiciones de la agricultura en general. Pero esas indicaciones se convierten en una apología del imperialismo, en su embellecimiento, pues se fundan en el olvido de la particularidad principal del capitalismo contemporáneo: los monopolios. El mercado libre pasa cada vez más al dominio de la historia, los sindicatos y trusts monopolistas van reduciéndolo de día en día, y el "simple" mejoramiento de las condiciones de la agricultura se traduce en el mejoramiento de la situación de las masas, en la elevación de los salarios y en la disminución de los beneficios. ¿Dónde existen, como no sea en la fantasía de los reformistas acaramelados, trusts capaces de preocuparse de la situación de las masas y no de la conquista de colonias?

Para el capital financiero no tienen importancia sólo las fuentes de materias primas ya descubiertas, sino también las posibles, pues la técnica avanza en nuestros días con una rapidez increíble y las tierras hoy inservibles pueden ser convertidas mañana en tierras útiles si se descu-

---

* C.P. Lucas. *Greater Rome and Greater Britain*, Oxford, 1912; o Earl of Cromer. *Ancient and Modern Imperialism*, Londres, 1910.

† Schilder. Obra cit., págs. 38–42.

bren nuevos procedimientos (a cuyo efecto un banco importante puede enviar una expedición especial de ingenieros, agrónomos, etc.), si se invierten grandes capitales. Lo mismo ocurre con la exploración de riquezas minerales, con los nuevos métodos de elaboración y utilización de tales o cuales materias primas, etc., etc. De ahí la tendencia inevitable del capital financiero a ampliar su territorio económico y aun su territorio en general. Del mismo modo que los trusts capitalizan sus bienes atribuyéndoles el doble o el triple de su valor, tomando en consideración los beneficios "posibles" en el futuro (y no los beneficios presentes) y teniendo en cuenta los resultados ulteriores del monopolio, el capital financiero manifiesta la tendencia general a apoderarse de las mayores extensiones posibles de territorio, sea el que sea, se halle donde se halle, por cualquier medio, pensando en las fuentes posibles de materias primas y temeroso de quedarse atrás en la lucha rabiosa por alcanzar las últimas porciones del mundo todavía no repartidas o por conseguir un nuevo reparto de las ya repartidas.

Los capitalistas ingleses tratan por todos los medios de ampliar la producción de algodón en *su* colonia —Egipto— (en 1904, de los 2 300 000 hectáreas de tierra cultivada en Egipto, 600 000, esto es, más de la cuarta parte, estaban destinadas ya al algodón); los rusos hacen lo mismo en el Turquestán, que es colonia *suya*. De este modo les es más fácil vencer a sus competidores extranjeros, les es más fácil monopolizar las fuentes de materias primas, crear un trust textil menos costoso y más lucrativo, con producción "combinada", que concentre en una sola mano *todas* las fases de la producción y de la transformación del algodón.

Los intereses de la exportación de capitales empujan del mismo modo a la conquista de colonias, pues en el mercado colonial es más fácil (y a veces sólo en él es posible), utilizando medios monopolistas, suprimir al competidor, garantizarse pedidos, consolidar las "relaciones" necesarias, etc.

La superestructura extraeconómica que se levanta sobre la base del capital financiero, la política, la ideología de éste, refuerza la tendencia a las conquistas coloniales. "El capital financiero no quiere la libertad, sino la dominación", dice con razón Hilferding. Y un escritor burgués de Francia, como si ampliara y completara las ideas de Cecil Rhodes que hemos citado más arriba,* afirma que hay que añadir las causas de orden social a las causas económicas de la política colonial contemporánea: "a consecuencia de las complicaciones crecientes de la vida, que no abarcan sólo a las multitudes obreras, sino también a las clases medias, en todos los países de vieja civilización se están acumulando 'impaciencias, rencores y odios que amenazan la paz pública; energías sacadas de su cauce de clase, a las que hay que captar para emplearlas fuera del país, si no se quiere que hagan explosión en el interior'".†

Puestos a hablar de la política colonial de la época del imperialismo capitalista, es necesario hacer notar que el capital financiero y la política internacional correspondiente, la cual se traduce en la lucha de las grandes potencias por el reparto económico y político del mundo, originan abundantes formas *transitorias* de dependencia estatal. Para esta época son típicos no sólo los dos grupos fundamentales de países —los que poseen colonias y las colonias—, sino también las formas variadas de países dependientes que desde un punto de vista formal, político, gozan de independencia, pero que en realidad se hallan envueltos en las redes de la dependencia financiera y diplomática. Una de estas formas, la semicolonia, la hemos indicado ya antes. Modelo de otra forma es, por ejemplo, la Argentina.

"América del Sur, y sobre todo la Argentina —dice Schulze-Gaevernitz en su obra sobre el imperialismo británico—, se halla en tal dependencia financiera con respecto a Londres, que casi se la debe calificar de colonia comercial inglesa"‡. Según Schilder, los capitales invertidos por Inglaterra en la Argentina, de acuerdo con los datos que suministró en 1909 el cónsul austro-húngaro en Buenos Aires, ascendían a 8 750 millones de francos. No es difícil imaginarse los fuertes vínculos que esto asegura al capital financiero —y a su fiel

---

* Véase la pág. 33 de la presente edición (N. de la Edit.)

† Wahl. *La France aux colonies,* cit. por Henri Russier, *Le partage de l'Océanie,* París, 1905, pág. 165.

‡ Schulze-Gaevernitz. *Britischer Imperialismus und englischer Freihandel zu Beginn des 20-ten Jahrhunderts.* Leipzig, 1906, pág. 318. Lo mismo dice Sartorius von Waltershausen. *Das volkswirtschaftliche System der Kapitalanlage im Auslande,* Berlín, 1907, pág. 46.

"amigo", la diplomacia— de Inglaterra con la burguesía de la Argentina, con los círculos dirigentes de toda su vida económica y política.

El ejemplo de Portugal nos muestra una forma un poco distinta de dependencia financiera y diplomática aun conservando la independencia política. Portugal es un Estado independiente, soberano, pero en realidad lleva más de doscientos años, desde la Guerra de Sucesión de España (1701–1714), bajo el protectorado de Inglaterra. Inglaterra lo defendió y defendió las posesiones coloniales portuguesas para reforzar las posiciones propias en la lucha con sus adversarios: España y Francia. Inglaterra obtuvo a cambio ventajas comerciales, mejores condiciones para la exportación de mercancías y, sobre todo, para la exportación de capitales a Portugal y sus colonias, pudo utilizar los puertos y las islas de Portugal, sus cables, etc., etc.* Este género de relaciones entre grandes y pequeños Estados han existido siempre, pero en la época del imperialismo capitalista se convierten en sistema general, entran, como uno de tantos elementos, a formar el conjunto de relaciones que rigen el "reparto del mundo", pasan a ser eslabones en la cadena de operaciones del capital financiero mundial.

Para terminar con lo relativo al reparto del mundo, debemos hacer notar todavía lo siguiente. No sólo las publicaciones norteamericanas, después de la guerra hispanoamericana, y las inglesas, después de la guerra anglo-boer, plantearon el asunto de un modo completamente abierto y definido a fines del siglo XIX y a principios del XX; no sólo las publicaciones alemanas, que seguían "más celosamente" el desarrollo del "imperialismo británico", han venido juzgando sistemáticamente este hecho. También las publicaciones burguesas de Francia han planteado la cuestión de un modo suficientemente claro y vasto, dentro de lo que es posible desde el punto de vista burgués. Ahí tenemos al historiador Driault, autor de *Problemas políticos y sociales de fines del siglo XIX*, el cual dice lo siguiente en el capítulo sobre "las grandes potencias y el reparto del mundo": "En estos últimos años, todos los territorios libres del globo, a excepción de China, han sido ocupados por las potencias de Europa o por América del Norte. Se han producido ya sobre esta base algunos conflictos y algunos desplazamientos de influencia, precursores de trastornos más terribles en un futuro próximo. Porque hay que apresurarse: las naciones que no se han provisto, corren el riesgo de no estarlo nunca y de no tomar parte en la explotación gigantesca del globo, que será uno de los hechos más esenciales del próximo siglo (esto es, del siglo XX). Por esto, toda Europa y América se han visto recientemente presas de la fiebre de expansión colonial, del "imperialismo", que es la característica más notable de fines del siglo XIX". Y el autor añade: "Con ese reparto del mundo, con esa carrera rabiosa en pos de las riquezas y de los grandes mercados de la Tierra, la fuerza relativa de los imperios creados en este siglo XIX no guarda proporción alguna con el puesto que ocupan en Europa las naciones que los han creado. Las potencias predominantes en Europa, que son los árbitros de sus destinos, *no* predominan igualmente en el mundo. Y como el poderío colonial, esperanza de riquezas no calculadas todavía, repercutirá evidentemente en la importancia relativa de los Estados europeos, la cuestión colonial —el "imperialismo", si se quiere—, que ha modificado ya las condiciones políticas de Europa misma, las irá modificando cada vez más".†

VII. EL IMPERIALISMO, FASE PARTICULAR DEL CAPITALISMO

Intentaremos ahora hacer un balance, resumir lo que hemos dicho más arriba sobre el imperialismo. El imperialismo surgió como desarrollo y continuación directa de las propiedades fundamentales del capitalismo en general. Pero el capitalismo se trocó en imperialismo capitalista únicamente al llegar a un grado determinado, muy alto, de su desarrollo, cuando algunas de las características fundamentales del capitalismo comenzaron a convertirse en su antítesis, cuando tomaron cuerpo y se manifestaron en toda la línea los rasgos de la época de transición del capitalismo a una estructura económica y social más elevada. Lo que hay de fundamental en este proceso, desde el punto de vista económico, es la sustitución de la libre competencia capitalista por los monopolios capi-

---

* Schilder. Obra cit., t. I, págs. 160–161.

† J.E. Driault. *Problèmes politiques et sociaux*. París, 1900, pág. 299.

talistas. La libre competencia es la característica fundamental del capitalismo y de la producción mercantil en general; el monopolio es todo lo contrario de la libre competencia, pero esta última se va convirtiendo ante nuestros ojos en monopolio, creando la gran producción, desplazando a la pequeña, reemplazando la gran producción por otra todavía mayor y concentrando la producción y el capital hasta tal punto, que de su seno ha surgido y surge el monopolio: los cartels, los sindicatos, los trusts, y, fusionándose con ellos, el capital de una docena escasa de bancos que manejan miles de millones. Y al mismo tiempo, los monopolios, que se derivan de la libre competencia, no la eliminan, sino que existen por encima de ella y al lado de ella, engendrando así contradicciones, rozamientos y conflictos particularmente agudos y bruscos. El monopolio es el tránsito del capitalismo a un régimen superior.

Si fuera necesario dar una definición lo más breve posible del imperialismo, debería decirse que el imperialismo es la fase monopolista del capitalismo. Esa definición comprendería lo principal, pues, por una parte, el capital financiero es el capital bancario de algunos grandes bancos monopolistas fundido con el capital de los grupos monopolistas industriales y, por otra, el reparto del mundo es el tránsito de la política colonial, que se extiende sin obstáculos a las regiones todavía no apropiadas por ninguna potencia capitalista, a la política colonial de dominación monopolista de los territorios del globo enteramente repartido.

Pero las definiciones excesivamente breves, si bien son cómodas, pues recogen lo principal, resultan insuficientes, ya que es necesario extraer además de ellas otros rasgos muy esenciales de lo que hay que definir. Por eso, sin olvidar lo convencional y relativo de todas las definiciones en general, que jamás pueden abarcar en todos sus aspectos las relaciones de un fenómeno en su desarrollo completo, conviene dar una definición del imperialismo que contenga los cinco rasgos fundamentales siguientes: 1) la concentración de la producción y del capital llegada hasta un grado tan elevado de desarrollo, que ha creado los monopolios, los cuales desempeñan un papel decisivo en la vida económica; 2) la fusión del capital bancario con el industrial y la creación, sobre la base de este "capital financiero", de la oligarquía financiera; 3) la exportación de capitales, a diferencia de la exportación de mercancías, adquiere una importancia particularmente grande; 4) la formación de asociaciones internacionales monopolistas de capitalistas, las cuales se reparten el mundo, y 5) la terminación del reparto territorial del mundo entre las potencias capitalistas más importantes. El imperialismo es el capitalismo en la fase de desarrollo en que ha tomado cuerpo la dominación de los monopolios y del capital financiero, ha adquirido señalada importancia la exportación de capitales, ha empezado el reparto del mundo por los trusts internacionales y ha terminado el reparto de toda la Tierra entre los países capitalistas más importantes.

Más adelante veremos cómo se puede y se debe definir de otro modo el imperialismo, si se tienen en cuenta no sólo los conceptos fundamentales puramente económicos (a los cuales se limita la definición que hemos dado), sino también el lugar histórico de esta fase del capitalismo con respecto al capitalismo en general o la relación del imperialismo y de las dos tendencias fundamentales del movimiento obrero. Lo que ahora hay que consignar es que, interpretado en el sentido dicho, el imperialismo representa en sí indudablemente una fase particular de desarrollo del capitalismo. Para dar al lector una idea lo más fundamentada posible del imperialismo, hemos procurado deliberadamente reproducir el mayor número posible de opiniones de economistas *burgueses* obligados a reconocer los hechos de la economía capitalista moderna, establecidos de una manera particularmente incontrovertible. Con el mismo fin hemos reproducido datos estadísticos minuciosos que permiten ver hasta qué punto ha crecido el capital bancario, etc., qué expresión concreta ha tenido la transformación de la cantidad en calidad, el tránsito del capitalismo desarrollado al imperialismo. Huelga decir, naturalmente, que en la naturaleza y en la sociedad todos los límites son convencionales y mudables, que sería absurdo discutir, por ejemplo, sobre el año o la década precisos en que se instauró "definitivamente" el imperialismo.

Pero sobre la definición del imperialismo nos vemos obligados a controvertir ante todo con K. Kautsky, el principal teórico marxista de la época de la llamada Segunda Internacional, es decir, de los veinticinco años comprendidos entre 1889 y 1914. Kautsky se pronunció decididamente en 1915 e incluso en noviembre de 1914 contra las ideas fundamentales expresadas en nuestra definición del imperialismo, declarando que por imperialismo hay que entender, no una "fase" o un grado de la economía, sino una política, y una política determinada, la política "preferida" por el capital financiero; que no se puede "identificar" el imperialismo con el "capitalismo contemporáneo"; que si la noción de imperialismo abarca "todos los fenómenos del capitalismo contemporáneo" —cartels, proteccionismo, dominación de los financieros, política colonial—, en ese caso el problema de la necesidad del imperialismo para el capitalismo se convierte en "la tautología más trivial", pues entonces, "naturalmente, el imperialismo es una necesidad vital para el capitalismo", etc. Expresaremos con la máxima exactitud el pensamiento de Kautsky si reproducimos su definición del imperialismo, diametralmente opuesta a la esencia de las ideas que nosotros exponemos (pues las objeciones procedentes del campo de los marxistas alemanes, los cuales han defendido ideas semejantes durante largos años, son ya conocidas desde hace mucho tiempo por Kautsky como objeción de una corriente determinada en el marxismo).

La definición de Kautsky dice así:

"El imperialismo es un producto del capitalismo industrial altamente desarrollado. Consiste en la tendencia de toda nación capitalista industrial a someter o anexionarse cada vez más regiones *agrarias* (la cursiva es de Kautsky) sin tener en cuenta la nacionalidad de sus habitantes".*

Esta definición no sirve absolutamente para nada, puesto que es unilateral, es decir, destaca arbitrariamente tan sólo el problema nacional (si bien de la mayor importancia, tanto en sí como en su relación con el imperialismo), enlazándolo arbitraria y *erróneamente sólo* con el capital industrial de los países que se anexionan otras naciones, colocando en primer término, de la misma forma arbitraria y errónea, la anexión de las regiones agrarias.

El imperialismo es una tendencia a las anexiones: a eso se reduce la parte *política* de la definición de Kautsky. Es justa, pero extremadamente incompleta, pues en el aspecto político el imperialismo es, en general, una tendencia a la violencia y a la reacción. Mas lo que en este caso nos interesa es el aspecto *económico* que Kautsky *mismo* introdujo en su definición. Las inexactitudes de la definición de Kautsky saltan a la vista. Lo característico del imperialismo *no* es el capital industrial, *sino* el capital financiero. No es un fenómeno casual que, en Francia, precisamente el desarrollo particularmente rápido del capital *financiero*, que coincidió con un debilitamiento del capital industrial, provocara, a partir de la década del 80 del siglo pasado, una intensificación extrema de la política anexionista (colonial). Lo característico del imperialismo es precisamente la tendencia a la anexión *no sólo* de las regiones agrarias, sino incluso de las más industriales (apetitos alemanes respecto a Bélgica, los de los franceses en cuanto a la Lorena), pues, en primer lugar, la división ya terminada del globo obliga, al proceder *a un nuevo reparto,* a alargar la mano hacia *toda clase* de territorios; en segundo lugar, para el imperialismo es sustancial la rivalidad de varias grandes potencias en sus aspiraciones a la hegemonía, esto es, a apoderarse de territorios no tanto directamente para sí, como para debilitar al adversario y quebrantar *su* hegemonía (para Alemania, Bélgica tiene una importancia especial como punto de apoyo contra Inglaterra; para Inglaterra, la tiene Bagdad como punto de apoyo contra Alemania, etc.).

Kautsky se remite particularmente —y reiteradas veces— a los ingleses, los cuales, dice, han puntualizado la significación puramente política de la palabra "imperialismo" en el sentido que él la comprende. Tomamos al inglés Hobson y leemos en su obra *El imperialismo,* publicada en 1902:

"El nuevo imperialismo se distingue del viejo, primero, en que, en vez de la aspiración de un solo imperio creciente, sostiene la teoría y la actuación práctica de imperios rivales, guiándose cada uno de ellos por idénticos apetitos de expansión política y de beneficio comercial; segundo, en que los intereses financieros o relativos a la inversión del capital predominan sobre los comerciales".†

Como vemos, Kautsky no tiene de hecho razón alguna al remitirse a los ingleses en general (en

---

* *Die Neue Zeit,* 11 de septiembre de 1914, 2 (año 32), pág. 909; véase también 1915, 2, págs. 107 y siguientes.

† Hobson. *Imperialism,* Londres, 1902, pág. 324.

los únicos en que podría apoyarse sería en los imperialistas ingleses vulgares o en los apologistas declarados del imperialismo). Vemos que Kautsky, que pretende continuar defendiendo el marxismo, en realidad da un paso atrás con relación al *social-liberal* Hobson, el cual tiene en cuenta con *más acierto* que él las dos particularidades "históricas concretas" (¡Kautsky, con su definición, se mofa precisamente de la concreción histórica!) del imperialismo contemporáneo: 1) competencia de *varios* imperialismos; 2) predominio del financiero sobre el comerciante. Si lo esencial consiste en que un país industrial se anexiona un país agrario, el papel principal se atribuye al comerciante.

La definición de Kautsky, además de ser errónea y de no ser marxista, sirve de base a todo un sistema de concepciones que rompen totalmente con la teoría marxista y con la actuación práctica marxista, de lo cual hablaremos más adelante. Carece absolutamente de seriedad la discusión sobre palabras que Kautsky promueve: ¿cómo debe calificarse la fase actual del capitalismo, de imperialismo o de fase del capital financiero? Llamadlo como queráis, esto es indiferente. Lo esencial es que Kautsky separa la política del imperialismo de su economía, hablando de las anexiones como de la política "preferida" por el capital financiero y oponiendo a ella otra política burguesa posible, según él, sobre la misma base del capital financiero. Resulta que los monopolios en la economía son compatibles con el modo de obrar no monopolista, no violento, no anexionista en política. Resulta que el reparto territorial del mundo, terminado precisamente en la época del capital financiero y que es la base de lo peculiar de las formas actuales de rivalidad entre los más grandes Estados capitalistas, es compatible con una política no imperialista. Resulta que de este modo se disimulan, se velan las contradicciones más importantes de la fase actual del capitalismo, en vez de ponerlas al descubierto en toda su profundidad; resulta reformismo burgués en lugar de marxismo.

Kautsky discute con Cunow, apologista alemán del imperialismo y de las anexiones, que razona de un modo burdo y cínico: el imperialismo es el capitalismo contemporáneo; el desarrollo del capitalismo es inevitable y progresivo; por consiguiente, el imperialismo es progresivo, ¡hay que arrastrarse, pues, ante el imperialismo y glorificarlo! Este razonamiento se parece, en cierto modo, a la caricatura de los marxistas rusos que los populistas hacían en los años de 1894 y 1895: si los marxistas consideran que el capitalismo es en Rusia inevitable y progresivo, venían a decir, deben dedicarse a abrir tabernas y a fomentar el capitalismo. Kautsky objeta a Cunow: no, el imperialismo no es el capitalismo contemporáneo, sino solamente una de las formas de la política del mismo; podemos y debemos luchar contra esa política, luchar contra el imperialismo, contra las anexiones, etc.

La objeción, completamente plausible al parecer, equivale en realidad a una defensa más sutil, más velada (y por esto más peligrosa) de la conciliación con el imperialismo, pues una "lucha" contra la política de los trusts y de los bancos que deja intactas las bases de la economía de los unos y de los otros, es reformismo y pacifismo burgueses, no va más allá de los propósitos buenos e inofensivos. Volver la espalda a las contradicciones existentes y olvidar las más importantes, en vez de descubrirlas en toda su profundidad: eso es la teoría de Kautsky, la cual no tiene nada que ver con el marxismo. ¡Y naturalmente, semejante "teoría" no persigue otro fin que defender la idea de la unidad con los Cunow!

"Desde el punto de vista puramente económico —escribe Kautsky—, no está descartado que el capitalismo pase todavía por una nueva fase: la aplicación de la política de los cartels a la política exterior, la fase del ultraimperialismo",* esto es, el superimperialismo, la unión de los imperialismos de todo el mundo, y no la lucha entre ellos, la fase de la cesación de las guerras bajo el capitalismo, la fase de la "explotación general del mundo por el capital financiero unido internacionalmente".†

Será preciso que nos detengamos más adelante en esta "teoría del ultraimperialismo", con el fin de hacer ver en detalle hasta qué punto rompe irremediable y decididamente con el marxismo. Lo que aquí debemos hacer, de acuerdo con el plan

---

* *Die Neue Zeit*, 11 de septiembre de 1914, 2 (año 32), pág. 921; véase también 1915, 2, págs. 107 y siguientes.

† *Die Neue Zeit*, 1915, 1, pág. 144, 30 de abril de 1915.

general de nuestro trabajo, es echar una ojeada a los datos económicos precisos que se refieren a este problema. ¿Es posible el "ultraimperialismo", "desde el punto de vista puramente económico", o es un ultradisparate?

Si por punto de vista puramente económico se entiende la "pura" abstracción, todo cuanto se puede decir se reduce a la tesis siguiente: el desarrollo va hacia el monopolio; por lo tanto, va hacia un monopolio mundial único, hacia un trust mundial único. Esto es indiscutible, pero al mismo tiempo es una vaciedad completa, por el estilo de la indicación de que "el desarrollo va" hacia la producción de los artículos alimenticios en los laboratorios. En este sentido, la "teoría" del ultraimperialismo es tan absurda como lo sería la de la "ultraagricultura".

Ahora bien, si se habla de las condiciones "puramente económicas" de la época del capital financiero como de una época históricamente concreta, encuadrada en los comienzos del siglo XX, la mejor respuesta a las abstracciones muertas del "ultraimperialismo" (que favorecen exclusivamente un propósito de lo más reaccionario: distraer la atención de las profundas contradicciones *existentes*) es contraponerles la realidad económica concreta de la economía mundial moderna. Las hueras divagaciones de Kautsky sobre el ultraimperialismo estimulan, entre otras cosas, la idea profundamente errónea, que lleva el agua al molino de los apologistas del imperialismo, según la cual la dominación del capital financiero *atenúa* la desigualdad y las contradicciones de la economía mundial, cuando, en realidad, lo que hace es *acentuarlas*.

R. Calwer, en su opúsculo *Introducción a la economía mundial*,* ha intentado resumir los principales datos puramente económicos que permiten formarse una idea concreta de las relaciones dentro de la economía mundial en las postrimerías del siglo XIX y los albores del XX. Calwer divide el mundo en cinco "regiones económicas principales": 1) la centro-europea (toda Europa, con excepción de Rusia e Inglaterra); 2) la británica; 3) la de Rusia; 4) la oriental asiática; y 5) la americana, incluyendo las colonias en las "regiones" de los Estados a los cuales pertenecen, y "dejando aparte" algunos países no incluidos en las regiones, por ejemplo: Persia, Afganistán y Arabia en Asia; Marruecos y Abisinia en África, etc.

He aquí, en forma resumida, los datos económicos sobre las regiones citadas, suministrados por dicho autor:

Regiones económicas principales del mundo	Superficie (en millones de kilómetros cuadrados)	Población (en millones)	Vías férreas (en miles de kilómetros)	Marina mercante (en millones de toneladas)	Exportación e importación (en miles de millones de marcos)	Extracción de carbón de piedra (en millones de toneladas)	Producción de hierro fundido (en millones de toneladas)	Número de husos de la industria textil algodonera (en millones)
1) Centroeuropea	27,6 (23,6)†	388 (146)†	204	8	41	251	15	26
2) Británica	28,9 (28,6)†	398 (355)†	140	11	25	249	9	51
3) de Rusia	22	131	63	1	3	16	3	7
4) Oriental asiática	12	389	8	1	2	8	0,02	2
5) Americana	30	148	379	6	14	245	14	19

Vemos tres regiones con un capitalismo muy desarrollado (alto desarrollo de las vías de comunicación, del comercio y de la industria): la centroeuropea, la británica y la americana. Entre ellas, tres Estados que ejercen el dominio del mundo: Alemania, Inglaterra y los Estados Unidos. La rivalidad imperialista y la lucha entre ellos se hallan extremadamente exacerbadas debido a que Alemania dispone de una región insignificante y de pocas colonias; la creación de una "Europa Central" es todavía cosa del futuro, y se está engendrando en una lucha desesperada. De momento, el rasgo característico de toda Europa es el fraccionamiento político. En las regiones británica y americana, por el contrario, es muy elevada la concentración política, pero hay una desproporción enorme entre la inmensidad

---

* R. Calwer. *Einführung in die Weltwirtschaft,* Berlín, 1906.

† Las cifras entre paréntesis indican la extensión y la población de las colonias.

de las colonias de la primera y la insignificancia de las que posee la segunda. Y en las colonias, el capitalismo no hace más que empezar a desarrollarse. La lucha por la América del Sur se va exacerbando cada día más.

Hay dos regiones en las que el capitalismo está débilmente desarrollado: la de Rusia y la oriental asiática. En la primera es extremadamente débil la densidad de la población; en la segunda es elevadísima; en la primera, la concentración política es grande; en la segunda no existe. El reparto de China no ha hecho más que empezar, y la lucha entre el Japón, los Estados Unidos, etc. por adueñarse de ella es cada día más intensa.

Comparad con esta realidad —la variedad gigantesca de condiciones económicas y políticas, la desproporción extrema en la rapidez de desarrollo de los distintos países, etc., la lucha rabiosa entre los Estados imperialistas— el ingenuo cuento de Kautsky sobre el ultraimperialismo "pacífico". ¿No es esto el intento reaccionario de un asustado pequeño burgués que quiere ocultarse de la terrible realidad? ¿Es que los cartels internacionales, en los que Kautsky ve los gérmenes del "ultraimperialismo" (del mismo modo la producción de tabletas en los laboratorios "podría" calificarse de germen de la ultraagricultura), no nos muestran el ejemplo de la partición y de un *nuevo reparto* del mundo, el tránsito del reparto pacífico al no pacífico, y a la inversa? ¿Es que el capital financiero norteamericano y el de otros países, que se repartieron pacíficamente todo el mundo, con la participación de Alemania, en el sindicato internacional del raíl, pongamos por caso, o en el trust internacional de la marina mercante, no *reparten* hoy día de nuevo el mundo sobre la base de las nuevas relaciones de fuerza, relaciones que se modifican de una manera que *no* tiene nada de pacífica?

El capital financiero y los trusts no atenúan, sino que acentúan la diferencia entre el ritmo de crecimiento de los distintos elementos de la economía mundial. Y si la correlación de fuerzas ha cambiado, ¿cómo pueden resolverse las contradicciones, *bajo el capitalismo,* si no es *por la fuerza?* La estadística de las vías férreas* nos proporciona datos extraordinariamente exactos sobre la diferencia de ritmo en cuanto al crecimiento del capitalismo y del capital financiero en toda la economía mundial. Durante las últimas décadas de desarrollo imperialista, la longitud de las líneas férreas ha cambiado del modo siguiente:

Líneas férreas
(en miles de kilómetros)

	1890	1913	Aumento
Europa	224	346	122
Estados Unidos de América	268	411	143
Todas las colonias	82 ⎤	210 ⎤	128 ⎤
	⎬ 125	⎬ 347	⎬ 222
Estados independientes y semiindependientes de Asia y América	43 ⎦	137 ⎦	94 ⎦
Total	617	1 104	

Las vías férreas se han desarrollado, pues, con la mayor rapidez en las colonias y en los Estados independientes (y semiindependientes) de Asia y América. Es sabido que el capital financiero de los cuatro o cinco Estados capitalistas más importantes ordena y manda allí de un modo absoluto. Doscientos mil kilómetros de nuevas líneas férreas en las colonias y en otros países de Asia y América significan más de 40 mil millones de marcos de nuevas inversiones de capital en condiciones particularmente ventajosas, con garantías especiales de rendimiento, con pedidos lucrativos para las fundiciones de acero, etc., etc.

Donde más rápidamente crece el capitalismo es en las colonias y en los países de ultramar. Entre ellos aparecen *nuevas* potencias imperialistas (el Japón). La lucha de los imperialismos mundiales se agudiza. Crece el tributo que el capital financiero percibe de las empresas coloniales y de ultramar, particularmente lucrativas. En el reparto de este "botín", una parte excepcionalmente grande

---

* *Statistisches Jahrbuch für das Deutsche Reich,* 1915; *Archiv für Eisenbahnwesen,* 1892. Por lo que se refiere a 1890 ha sido preciso determinar aproximadamente algunas pequeñas particularidades sobre la distribución de las vías férreas entre las colonias de los distintos países.

va a parar a países que no siempre ocupan un primer lugar desde el punto de vista del ritmo de desarrollo de las fuerzas productivas. En las potencias más importantes, tomadas junto con sus colonias, la longitud de las líneas férreas era la siguiente:

(En miles de kilómetros)

	1890	1913	Aumento
Estados unidos	268	413	145
Imperio británico	107	208	101
Rusia	32	78	46
Alemania	43	68	25
Francia	41	63	22
Total en las 5 potencias	491	830	339

Así, pues, cerca del 80 % de todas las líneas férreas se hallan concentradas en las cinco potencias más importantes. Pero la concentración de la *propiedad* de dichas líneas, la concentración del capital financiero es incomparablemente mayor aún, porque, por ejemplo, la inmensa mayoría de las acciones y obligaciones de los ferrocarriles americanos, rusos y de otros países pertenece a los millonarios ingleses y franceses.

Gracias a sus colonias, Inglaterra ha aumentado "su" red ferroviaria en 100 000 kilómetros, cuatro veces más que Alemania. Sin embargo, todo el mundo sabe que el desarrollo de las fuerzas productivas de Alemania en este mismo período, y sobre todo el desarrollo de la producción hullera y siderúrgica, ha sido incomparablemente más rápido que en Inglaterra, dejando ya a un lado a Francia y Rusia. En 1892 Alemania produjo 4,9 millones de toneladas de hierro fundido, contra los 6,8 de Inglaterra, mientras que en 1912 producía ya 17,6 contra 9,0, esto es ¡una superioridad gigantesca sobre Inglaterra!* Ante esto, cabe preguntar: *en el terreno del capitalismo*, ¿qué otro medio podía haber que no fuera la guerra, para eliminar la desproporción existente entre el desarrollo de las fuerzas productivas y la acumulación de capital, por una parte, y el reparto de las colonias y de las "esferas de influencia" del capital financiero, por otra?

VIII. EL PARASITISMO Y LA DESCOMPOSICIÓN DEL CAPITALISMO

Conviene ahora que nos detengamos en otro aspecto muy importante del imperialismo, al cual, en las consideraciones sobre este tema, no se concede la atención debida en la mayor parte de los casos. Uno de los defectos del marxista Hilferding consiste en que ha dado en este terreno un paso atrás en comparación con el no marxista Hobson. Nos referimos al parasitismo propio del imperialismo.

Según hemos visto, la base económica más profunda del imperialismo es el monopolio. Se trata de un monopolio capitalista, esto es, que ha nacido del capitalismo y se halla en el ambiente general de éste, en el ambiente de la producción mercantil, de la competencia, en una contradicción constante e insoluble con dicho ambiente general. Pero no obstante, como todo monopolio, el monopolio capitalista engendra inevitablemente una tendencia al estancamiento y a la descomposición. En la medida en que se fijan, aunque sea temporalmente, precios monopolistas, desaparecen hasta cierto punto las causas estimulantes del progreso técnico y, por consiguiente, de todo progreso, de todo avance, surgiendo así, además, la posibilidad *económica* de contener artificialmente el progreso técnico. Ejemplo: En los Estados Unidos, cierto Owens inventó una máquina que producía una revolución en la fabricación de botellas. El cartel alemán de fabricantes de botellas le compró las patentes y las guardó bajo llave, retrasando su aplicación. Naturalmente que bajo el capitalismo el monopolio no puede nunca eliminar del mercado mundial de un modo completo y por un período muy prolongado la competencia (ésta es, dicho sea de paso, una de las razones de que sea un absurdo la teoría del ultraimperialismo). Desde luego, la posibilidad de disminuir los gastos de producción y de aumentar los beneficios implantando mejoras técnicas obra en favor de las modificaciones. Pero la *tendencia* al estancamiento y a la descomposición, inherente al monopolio, sigue obrando a su vez, y en ciertas ramas de la industria y en ciertos países hay períodos en que llega a imponerse.

---

* Compárese también con Edgar Crammond. *The Economic Relations of the British and German Empires*, en *Journal of the Royal Statistical Society*, julio de 1914, pags. 777 y siguientes.

El monopolio de la posesión de colonias particularmente vastas, ricas o favorablemente situadas, obra en el mismo sentido.

Prosigamos. El imperialismo es una enorme acumulación en unos pocos países de un capital monetario que, como hemos visto, alcanza la suma de 100 a 150 mil millones de francos en valores. De ahí el incremento extraordinario de la clase o, mejor dicho, del sector rentista, esto es, de los individuos que viven del "corte del cupón", que no participan para nada en ninguna empresa y cuya profesión es la ociosidad. La exportación del capital, una de las bases económicas más esenciales del imperialismo, acentúa todavía más este divorcio completo entre el sector rentista y la producción, imprime un sello de parasitismo a todo el país, que vive de la explotación del trabajo de unos cuantos países y colonias de ultramar.

"En 1893 —dice Hobson— el capital británico invertido en el extranjero representaba cerca del 15 % de toda la riqueza del Reino Unido".* Recordemos que, el año 1915, dicho capital aumentó aproximadamente dos veces y media. "El imperialismo agresivo —añade más adelante Hobson—, que tan caro cuesta a los contribuyentes y tan poca importancia tiene para el industrial y el comerciante..., es fuente de grandes beneficios para el capitalista que busca el modo de invertir su capital"... (en inglés esta noción se expresa con una sola palabra: "investor", rentista)... "Giffen, especializado en problemas de estadística, estima en 18 millones de libras esterlinas (unos 170 millones de rublos), calculando a razón de un 2,5 % sobre un giro total de 800 millones de libras, el beneficio que en 1899 percibió la Gran Bretaña de su comercio exterior y colonial". Por grande que sea esta suma, no puede explicar el imperialismo agresivo de la Gran Bretaña. Lo que lo explica son los 90 ó 100 millones de libras esterlinas que representan el beneficio del capital "invertido", el beneficio del sector de los rentistas.

¡El beneficio de los rentistas es *cinco veces* mayor que el beneficio del comercio exterior del país más "comercial" del mundo! ¡He aquí la esencia del imperialismo y del parasitismo imperialista!

Por este motivo, la noción de "Estado rentista" *(Rentnerstaat)* o Estado usurero ha pasado a ser de uso general en las publicaciones económicas sobre el imperialismo. El mundo ha quedado dividido en un puñado de Estados usureros y una mayoría gigantesca de Estados deudores. "Entre el capital invertido en el extranjero —escribe Schulze-Gaevernitz— se halla, en primer lugar, el capital colocado en los países políticamente dependientes o aliados: Inglaterra hace préstamos a Egipto, el Japón, China y América del Sur. En caso extremo, su escuadra cumple las funciones de alguacil. La fuerza política de Inglaterra la pone a cubierto de la indignación de sus deudores".† Sartorius von Waltershausen, en su obra *El sistema económico de inversión de capital en el extranjero,* presenta a Holanda como modelo de "Estado rentista", e indica que Inglaterra y Francia van tomando asimismo este carácter.‡ A juicio de Schilder hay cinco países industriales que son "Estados acreedores bien definidos": Inglaterra, Francia, Alemania, Bélgica y Suiza. Si no incluye a Holanda en este grupo es únicamente por ser "poco industrial."§ Los Estados Unidos son acreedores solamente con referencia a América.

"Inglaterra —dice Schulze-Gaevernitz— se está convirtiendo paulatinamente de Estado industrial en Estado acreedor. A pesar del aumento absoluto de la producción y de la exportación industriales, crece la importancia relativa para toda la economía nacional de los ingresos procedentes de los intereses y de los dividendos, de las emisiones, de las comisiones y de la especulación. A mi juicio, esto es precisamente lo que constituye la base económica del auge imperialista. El acreedor está más sólidamente ligado con el deudor que el vendedor con el comprador".¶ Con respecto a Alemania, A. Lansburgh, director de la revista berlinesa *Die Bank,* escribía en 1911 lo siguiente en el artículo *Alemania, Estado rentista:* "En Alemania, la gente se ríe de buena gana de la tendencia a convertirse en rentista que se observa en Francia. Ahora bien, se olvidan de que, por

---

* Hobson. Obra cit., págs. 59, 62.

† Schulze-Gaevernitz. *Britischer Imperialismus,* págs. 320 y otras.

‡ Sartorius von Waltershausen. *Das Volkswirtschaftliche System,* etc. Berlín, 1907, tomo IV.

§ Schilder, pág. 393.

¶ Schulze-Gaevernitz. *Britischer Imperialismus,* pág. 122.

lo que se refiere a la burguesía, las condiciones de Alemania se parecen cada día más a las de Francia.*

El Estado rentista es el Estado del capitalismo parasitario y en descomposición, y esta circunstancia no puede dejar de reflejarse, tanto en todas las condiciones políticas y sociales de los países correspondientes, en general, como en las dos tendencias fundamentales del movimiento obrero, en particular. Para mostrarlo de la manera más patente posible, cedamos la palabra a Hobson, el testigo más "seguro", ya que no se puede sospechar en él parcialidad por la "ortodoxia marxista"; por otra parte, siendo inglés, conoce bien de la situación del país más rico en colonias, en capital financiero y en experiencia imperialista.

Describiendo, bajo la viva impresión de la guerra anglo-boer, los lazos que unen el imperialismo con los intereses de los "financieros", el aumento de los beneficios resultantes de las contratas, de los suministros, etc., Hobson decía: "Los orientadores de esta política netamente parasitaria son los capitalistas; pero los mismos motivos se dejan sentir también sobre categorías especiales de obreros. En muchas ciudades, las ramas más importantes de la industria dependen de los pedidos del gobierno; el imperialismo de los centros de la industria metalúrgica y de construcciones navales depende en gran parte de este hecho". Circunstancias de dos órdenes, a juicio del autor, han debilitado la fuerza de los viejos imperios: 1) el "parasitismo económico" y 2) la formación de ejércitos con soldados de los pueblos dependientes. "Lo primero es costumbre del parasitismo económico, con el que el Estado dominante utiliza sus provincias, colonias y países dependientes, para enriquecer a su clase dirigente y sobornar a las clases inferiores a fin de lograr su aquiescencia". Para que resulte económicamente posible ese soborno, sea cual sea la forma en que se realice, es necesario —añadiremos por nuestra cuenta— un elevado beneficio monopolista.

En lo que se refiere a la segunda circunstancia, Hobson dice: "Uno de los síntomas más extraños de la ceguera del imperialismo es la despreocupación con que la Gran Bretaña, Francia y otras naciones imperialistas emprenden este camino. La Gran Bretaña ha ido más lejos que nadie. La mayor parte de las batallas mediante las cuales conquistamos nuestro Imperio Indio, las sostuvieron tropas indígenas; en la India, como últimamente en Egipto, grandes ejércitos permanentes se hallan bajo el mando de británicos; casi todas nuestras guerras de conquista en África, con excepción del Sur, las hicieron para nosotros los indígenas".

La perspectiva del reparto de China suscita en Hobson el siguiente juicio económico: "La mayor parte de la Europa Occidental podría adquirir entonces el aspecto y el carácter que tienen actualmente ciertas partes de los países que la componen: el Sur de Inglaterra, la Riviera y los lugares de Italia y Suiza más frecuentados por los turistas y que son residencia de gente rica, es decir: un puñado de ricos aristócratas que perciben dividendos y pensiones del Lejano Oriente, con un grupo algo más considerable de empleados profesionales y de comerciantes y un número mayor de sirvientes y de obreros ocupados en el transporte y en la industria dedicada a la terminación de artículos manufacturados. En cambio, las ramas principales de la industria desaparecerían, y los productos alimenticios de gran consumo y los artículos semimanufacturados corrientes afluirían, como un tributo, de Asia y África". "He aquí qué posibilidades abre ante nosotros una alianza más vasta de los Estados occidentales, una federación europea de las grandes potencias: dicha federación, lejos de impulsar la civilización mundial, podría implicar un peligro gigantesco de parasitismo occidental: formar un grupo de naciones industriales avanzadas, cuyas clases superiores percibirían enormes tributos de Asia y África; esto les permitiría mantener a grandes masas de mansos empleados y criados, ocupados no ya en la producción agrícola e industrial de artículos de gran consumo, sino en el servicio personal o en el trabajo industrial secundario, bajo el control de una nueva aristocracia financiera. Que los que se hallan dispuestos a desentenderse de esta teoría" (debería decirse perspectiva) "como indigna de ser examinada reflexionen sobre las condiciones económicas y sociales de las regiones del Sur de la Inglaterra actual que se hallan ya en esta situación. Que piensen en las proporciones enormes que podría adquirir dicho sistema si China fuese sometida al control económico de tales grupos financieros, de los rentistas, de sus agentes polí-

---

* *Die Bank*, 1911, 1, págs. 10 y 11.

ticos y empleados comerciales e industriales, que extraerían beneficios del más grande depósito potencial que jamás ha conocido el mundo con objeto de consumirlos en Europa. Naturalmente, la situación es excesivamente compleja, el juego de las fuerzas mundiales es demasiado difícil de calcular para que resulte muy verosímil esa u otra previsión del futuro en una sola dirección. Pero las influencias que gobiernan el imperialismo de la Europa Occidental en la actualidad se orientan en este sentido, y si no chocan con una resistencia, si no son desviadas hacia otra parte, avanzarán precisamente hacia tal culminación de este proceso".*

El autor tiene toda la razón: *si* las fuerzas del imperialismo no tropezaran con resistencia alguna, conducirían indefectiblemente a ello. La significación de los "Estados Unidos de Europa", en la situación actual, imperialista, la comprende Hobson acertadamente. Convendría únicamente añadir que *también dentro* del movimiento obrero, los oportunistas, vencedores de momento en la mayoría de los países, "trabajan" de una manera sistemática y firme en esta dirección. El imperialismo, que significa el reparto del mundo y la explotación no sólo de China e implica ganancias monopolistas elevadas para un puñado de los países más ricos, engendra la posibilidad económica de sobornar a las capas superiores del proletariado, y con ello nutre el oportunismo, le da cuerpo y lo refuerza. No se deben, sin embargo, olvidar las fuerzas que contrarrestan al imperialismo en general y al oportunismo en particular, y que, naturalmente, no puede ver el social-liberal Hobson.

El oportunista alemán Gerhard Hildebrand, expulsado en tiempos del partido por su defensa del imperialismo y que en la actualidad podría ser jefe del llamado Partido "Socialdemócrata" de Alemania completa muy bien a Hobson al preconizar los "Estados Unidos de Europa Occidental" (sin Rusia) para emprender acciones "comunes"… contra los negros Áfricanos y contra el "gran movimiento islamita", para mantener "un fuerte ejército y una escuadra potente" contra la "coalición chino-japonesa",† etc.

* Hobson. Obra cit., págs. 103, 205, 144, 335, 386.

† Gerhard Hildebrand. *Die Erschütterung der Industrieherrschaft und des Industriesozialismus*, 1910, págs. 229 y siguientes.

La descripción que Schulze-Gaevernitz hace del "imperialismo británico" nos muestra los mismos rasgos de parasitismo. La renta nacional de Inglaterra se duplicó aproximadamente de 1865 a 1898, mientras que los ingresos procedentes "del extranjero", durante ese mismo período, aumentaron *nueve veces*. Si el "mérito" del imperialismo consiste en que "educa al negro para el trabajo" (es imposible evitar la coerción…), su "peligro" consiste en que "Europa descargue el trabajo físico —al principio el agrícola y el minero, después el trabajo industrial más rústico— sobre las espaldas de la población de color, y se reserve el papel de rentista, preparando acaso de este modo la emancipación económica y después política de las razas de color".

En Inglaterra se quita a la agricultura una parte de tierra cada día mayor para dedicarla al deporte, a las diversiones de los ricachos. Por lo que se refiere a Escocia —el lugar más aristocrático para la caza y otros deportes—, se dice que "vive de su pasado y de mister Carnegie" (un multimillonario norteamericano). Sólo en las carreras de caballos y en la caza de zorros gasta anualmente Inglaterra 14 millones de libras esterlinas (unos 130 millones de rublos). El número de rentistas ingleses se acerca al millón. El tanto por ciento de la población productora disminuye:

Años	Población de Inglaterra (en millones de habitantes)	Número de obreros en las ramas principales de la industria (en millones)	Tanto por ciento con respecto a la población
1851	17,9	4,1	23
1901	32,5	4,9	15

El investigador burgués del "imperialismo británico de principios del siglo XX", al hablar de la clase obrera inglesa, se ve obligado a establecer sistemáticamente una diferencia entre las *"capas superiores"* de los obreros y la *"capa inferior, proletaria propiamente dicha"*. La capa superior suministra la masa de los miembros de las cooperativas y de los sindicatos, de las sociedades deportivas y de las numerosas sectas religiosas. El derecho electoral se halla adaptado al nivel de dicha categoría, ¡¡"sigue siendo en Inglaterra *lo suficientemente limitado para excluir a la capa inferior proletaria propiamente dicha*"!! Para dar una idea favorable de la situación de la clase obrera inglesa, ordinariamente se habla sólo de esa capa superior, la cual constituye la *minoría* del proletariado: por ejemplo, "el problema del paro forzoso es algo que afecta principalmente a Londres y a la capa proletaria inferior, *de la cual los políticos hacen poco caso...*"* Se debería decir: de la cual los politicastros burgueses y los oportunistas "socialistas" hacen poco caso.

Entre las particularidades del imperialismo relacionadas con los fenómenos de que hemos hablado figura el descenso de la emigración de los países imperialistas y el aumento de la inmigración (afluencia de obreros y transmigraciones) en estos últimos; la masa humana que a ellos llega procede de los países más atrasados, donde el nivel de los salarios es más bajo. La emigración de Inglaterra, como lo hace observar Hobson, disminuye a partir de 1884: en este año el número de emigrantes fue de 242 000 y de 169 000 en 1900. La emigración de Alemania alcanzó el máximo entre 1881 y 1890: 1 453 000, descendiendo en los dos decenios siguientes hasta 544 000 y 341 000. En cambio, aumentó el número de obreros llegados a Alemania de Austria, Italia, Rusia y otros países. Según el censo de 1907, en Alemania había 1 342 294 extranjeros, de los cuales 440 800 eran obreros industriales y 257 329, agrícolas.† En Francia, "una parte considerable" de los obreros mineros son extranjeros: polacos, italianos, españoles.‡ En los Estados Unidos, los inmigrados de la Europa Oriental y Meridional ocupan los puestos peor retribuidos, mientras que los obreros norteamericanos suministran el mayor porcentaje de capataces y de personal que tiene un trabajo mejor retribuido.§ El imperialismo tiene la tendencia a formar categorías privilegiadas también entre los obreros y a divorciarlas de las grandes masas del proletariado.

Es preciso hacer notar que en Inglaterra, la tendencia del imperialismo a escindir a los obreros y a acentuar el oportunismo entre ellos, a engendrar una descomposición temporal del movimiento obrero, se manifestó mucho antes de los finales del siglo XIX y comienzos del siglo XX. Esto se explica porque desde mediados del siglo pasado existían en Inglaterra dos importantes rasgos distintivos del imperialismo: inmensas posesiones coloniales y situación de monopolio en el mercado mundial. Durante decenas de años, Marx y Engels estudiaron sistemáticamente esa relación entre el oportunismo en el movimiento obrero y las particularidades imperialistas del capitalismo inglés. Engels escribía, por ejemplo, a Marx el 7 de octubre de 1858: "El proletariado inglés se va aburguesando de hecho cada día más; por lo que se ve, esta nación, la más burguesa de todas, aspira a tener, en resumidas cuentas, *al lado* de la burguesía, una aristocracia burguesa y un proletariado burgués. Naturalmente, por parte de una nación que explota al mundo entero, esto es, hasta cierto punto, lógico". Casi un cuarto de siglo después, en su carta del 11 de agosto de 1881, habla de "las peores tradeuniones inglesas que permiten que las dirija gente vendida a la burguesía o, cuando menos, pagada por ella". Y el 12 de septiembre de 1882, en una carta a Kautsky, Engels escribía: "Me pregunta usted qué piensan los obreros ingleses acerca de la política colonial. Lo mismo que piensan de la política en general. Aquí no hay un partido obrero, no hay más que conservadores y radicales liberales, y los obreros se aprovechan con ellos, con la mayor tranquilidad del mundo, del monopolio colonial de Inglaterra y de su monopolio en el mercado mundial".¶ (Engels expone la misma idea en el prólogo a la segunda edición de *La situación de la clase obrera en Inglaterra*, 1892.)

Aquí figuran, claramente indicadas, las causas y las consecuencias. Causas: 1) explotación del mundo entero por este país; 2) su situación de monopolio en el mercado mundial; 3) su monopolio colonial. Consecuencias: 1) aburguesamiento de una parte del proletariado inglés; 2) una parte de él permite que la dirijan gentes compradas por la burguesía o, cuando menos, pagadas por la burguesía.

---

* Schulze-Gaevernitz. *Britischer Imperialismus*, pág. 301.

† *Statistik des Deutschen Reichs*, Bd. 211.

‡ Henger. *Die Kapitalsanlage der Franzosen*, Stuttgart, 1913.

§ Hourwich. *Immigration and Labour*, Nueva York, 1913.

¶ *Briefwechsel von Marx und Engels*, vol. II, pág. 290; IV, pág. 433; C. Kautsky. *Sozialismus und Kolonialpolitik*, Berlín, 1907, pág. 79. Este folleto fue escrito en los tiempos, tan remotos ya, en que Kautsky era marxista.

El imperialismo de comienzos del siglo XX terminó el reparto del mundo entre un puñado de Estados, cada uno de los cuales explota actualmente (en el sentido de la obtención de superganancias) una parte "del mundo entero" algo menor que la que explotaba Inglaterra en 1858; cada uno de ellos ocupa una posición de monopolio en el mercado mundial gracias a los trusts, a los cartels, al capital financiero, a las relaciones del acreedor con el deudor; cada uno de ellos dispone hasta cierto punto de un monopolio colonial (según hemos visto, de los 75 millones de kilómetros cuadrados de *todas* las colonias del mundo 65 millones, es decir, el 86 %, se hallan concentrados en manos de seis potencias; *61* millones, esto es, el 81 %, están concentrados en manos de tres potencias).

Lo que distingue la situación actual es la existencia de unas condiciones económicas y políticas que forzosamente han tenido que hacer todavía más incompatible el oportunismo con los intereses generales y vitales del movimiento obrero: el imperialismo embrionario se ha convertido en el sistema dominante; los monopolios capitalistas han pasado al primer plano en la economía nacional y en la política; el reparto del mundo se ha llevado a su término; pero, por otra parte, en vez de monopolio indiviso de Inglaterra, vemos la lucha que un pequeño número de potencias imperialistas sostiene por participar en ese monopolio, lucha que caracteriza todo el comienzo del siglo XX. El oportunismo no puede ahora resultar completamente victorioso en el movimiento obrero de un país durante decenas de años, como triunfó en Inglaterra en la segunda mitad del siglo XIX, pero en algunos países ha alcanzado su plena madurez, ha pasado esa fase y se ha descompuesto, fundiéndose del todo, bajo la forma del socialchovinismo, con la política burguesa.*

IX. LA CRÍTICA DEL IMPERIALISMO

Entendemos la crítica del imperialismo en el sentido amplio de la palabra, como actitud de las distintas clases de la sociedad ante la política del imperialismo en consonancia con la ideología general de las mismas.

Las gigantescas proporciones del capital financiero, concentrado en unas pocas manos, que ha dado origen a una red extraordinariamente vasta y densa de relaciones y vínculos y que ha subordinado a su férula no sólo a la generalidad de los capitalistas y patronos medios y pequeños, sino también a los más insignificantes, por una parte, y la exacerbación, por otra, de la lucha con otros grupos nacional-estatales de financieros por el reparto del mundo y por el dominio sobre otros países, todo esto origina el paso en bloque de todas las clases poseyentes al lado del imperialismo. El signo de nuestro tiempo es el entusiasmo "general" por las perspectivas del imperialismo, la defensa rabiosa del mismo, su embellecimiento por todos los medios. La ideología imperialista penetra incluso en el seno de la clase obrera, que no está separada de las demás clases por una muralla china. Si los jefes de lo que ahora llaman Partido "Socialdemócrata" de Alemania han sido calificados con justicia de "socialimperialistas", esto es, de socialistas de palabra e imperialistas de hecho, Hobson hacía notar ya en 1902 la existencia de "imperialistas fabianos" en Inglaterra, pertenecientes a la oportunista "Sociedad Fabiana".

Los sabios y los publicistas burgueses defienden ordinariamente el imperialismo en una forma algo encubierta, velando la dominación absoluta del imperialismo y sus raíces profundas, procurando llevar a primer plano las particularidades y los detalles secundarios, esforzándose por distraer la atención de lo esencial mediante proyectos de "reformas" faltos por completo de seriedad, tales como el control policíaco de los trusts o de los bancos, etc. Son menos frecuentes las manifestaciones de los imperialistas cínicos, declarados, que tienen el valor de reconocer lo absurdo de la idea de reformar las características fundamentales del imperialismo.

Pondremos un ejemplo. Los imperialistas alemanes se esfuerzan por seguir de cerca en *Archivo de la Economía Mundial* los movimientos de liberación nacional de las colonias, y particularmente, como es natural, de las no alemanas. Señalan la efervescencia y las protestas en la India, el movimiento en Natal (África del Sur), en la In-

---

* El socialchovinismo ruso de los señores Potrésov, Chjenkeli, Maslov, etc., lo mismo en su forma franca que en su forma encubierta (los señores Chjeídze, Skóbelev, Axelrod, Mártov, etc.), también nació del oportunismo, en su variedad rusa: el liquidacionismo.[19]

dia Holandesa, etc. Uno de ellos, en un suelto a propósito de una publicación inglesa que informaba sobre la Conferencia de naciones y razas sometidas, que se celebró del 28 al 30 de junio de 1910 y en la cual participaron representantes de distintos pueblos de Asia, África y Europa que se hallan bajo la dominación extranjera, se expresa así al comentar los discursos allí pronunciados: "Hay que luchar contra el imperialismo, se nos dice; los Estados dominantes deben reconocer el derecho de los pueblos sometidos a la independencia; un tribunal internacional debe velar por el cumplimiento de los tratados concertados entre las grandes potencias y los pueblos débiles. La conferencia no va más allá de esos inocentes deseos. No vemos ni el menor indicio de que se comprenda la verdad de que el imperialismo está indisolublemente ligado al capitalismo en su forma actual y que por ello (!!) la lucha directa contra el imperialismo está condenada al fracaso, a no ser que se limite a protestas contra algunos excesos particularmente repulsivos".* Como el arreglo reformista de las bases del imperialismo es un engaño, un "inocente deseo", como los elementos burgueses de las naciones oprimidas no van "más allá" hacia adelante, los burgueses de la nación opresora van "más allá" *hacia atrás*, hacia el servilismo con respecto al imperialismo cubierto con pretensiones "científicas". ¡Vaya una "lógica"!

Lo esencial en la crítica del imperialismo es saber si es posible modificar mediante reformas las bases del imperialismo, si hay que seguir adelante, agudizando y ahondando más las contradicciones que el imperialismo engendra, o hay que retroceder, atenuando dichas contradicciones. Como las particularidades políticas del imperialismo son la reacción en toda la línea y la intensificación del yugo nacional —consecuencia del yugo de la oligarquía financiera y la supresión de la libre competencia—, la oposición democrática pequeñoburguesa al imperialismo aparece a principios del siglo XX en casi todos los países imperialistas. Y la ruptura con el marxismo por parte de Kautsky y de la vasta corriente internacional del kautskismo consiste precisamente en que Kautsky, además de no preocuparse, de no saber enfrentarse a esa oposición pequeñoburguesa, reformista, fundamentalmente reaccionaria en lo económico, se ha fundido prácticamente con ella.

En los Estados Unidos la guerra imperialista de 1898 contra España provocó la oposición de los "antiimperialistas", los últimos mohicanos de la democracia burguesa, que calificaban de "criminal" dicha guerra, consideraban anticonstitucional la anexión de tierras ajenas, denunciaban como "un engaño de los chovinistas" la actitud hacia Aguinaldo, el jefe de los indígenas filipinos (después de prometerle la libertad de su país desembarcaron tropas norteamericanas y se anexionaron las Filipinas), y citaban las palabras de Lincoln: "Cuando el blanco se gobierna a sí mismo, esto es autonomía; cuando se gobierna y al mismo tiempo gobierna a otros, no es ya autonomía, esto es despotismo".† Pero mientras toda esa crítica tenía miedo a reconocer los vínculos indisolubles existentes entre el imperialismo y los trusts, y por consiguiente entre el imperialismo y los fundamentos del capitalismo, mientras temía unirse a las fuerzas engendradas por el gran capitalismo y su desarrollo, no pasaba de ser un "inocente deseo".

Tal es también la posición fundamental de Hobson en su crítica del imperialismo. Hobson se ha anticipado a Kautsky al levantarse contra la "inevitabilidad del imperialismo" y al invocar la necesidad de "elevar la capacidad de consumo" de la población (¡bajo el régimen capitalista!). Mantienen una posición pequeñoburguesa en la crítica del imperialismo, de la omnipotencia de los bancos, de la oligarquía financiera, etc., Agahd, A. Lansburgh y L. Eschwege, a los que hemos citado reiteradas veces, y, entre los escritores franceses, Víctor Bérard, autor de una obra superficial que con el título de *Inglaterra y el imperialismo* apareció en 1900. Todos ellos, sin ninguna pretensión de marxismo, oponen al imperialismo la libre competencia y la democracia, condenan la empresa del ferrocarril de Bagdad, que conduce a conflictos y a la guerra, manifiestan el "inocente deseo" de vivir en paz, etc.; así lo hace incluso A. Neymarck, cuya especialidad es la estadística de las emisiones internacionales, el cual, calculando los centenares de miles de millones de francos de valores "internacionales", exclamaba en 1912: "¿Cómo es posible

---

* *Weltwirtschaftliches Archiv*, vol. II, pág. 193.

† J. Patouillet. *L'impérialisme américain*, Dijon, 1904, pág. 272.

suponer que la paz pueda ser puesta en peligro... arriesgarse, dada la existencia de cifras tan considerables, a provocar la guerra?".*

En los economistas burgueses esa ingenuidad no tiene nada de sorprendente; tanto más que les *conviene* parecer tan ingenuos y hablar "en serio" de la paz bajo el imperialismo. Pero ¿qué es lo que le queda del marxismo a Kautsky, cuando en 1914, 1915 y 1916 adopta ese mismo criterio burgués reformista y afirma que "todo el mundo está de acuerdo" (imperialistas, pseudosocialistas y social-pacifistas) en lo que se refiere a la paz? En vez de analizar y de poner al descubierto en toda su profundidad las contradicciones del imperialismo, no vemos más que el "inocente deseo" reformista de evitarlas, de desentenderse de ellas.

He aquí una pequeña muestra de la crítica económica que del imperialismo hace Kautsky. Este toma los datos sobre el movimiento de exportación e importación entre Inglaterra y Egipto en 1872 y 1912: resulta que esa exportación e importación aumentó menos que la exportación y la importación generales de Inglaterra. Y Kautsky infiere: "No tenemos fundamento alguno para suponer que sin la ocupación militar de Egipto el comercio con él habría crecido menos, bajo la influencia del simple peso de los factores económicos". "La tendencia del capital a la expansión ... puede ser promovida mejor, no por los métodos violentos del imperialismo, sino por la democracia pacífica".†

Este razonamiento de Kautsky, repetido en todos los tonos por su escudero ruso (y encubridor ruso de los socialchovinistas), señor Spektator, es la base de la crítica kautskiana del imperialismo, y por esto debemos detenernos más detalladamente en él. Empecemos citando a Hilferding, cuyas conclusiones ha declarado Kautsky muchas veces, por ejemplo, en abril de 1915, que eran "aceptadas unánimemente por todos los teóricos socialistas".

"No incumbe al proletariado —dice Hilferding— oponer a la política capitalista más progresiva la política pasada de la época del librecambio y la actitud hostil frente al Estado. La respuesta del proletariado a la política económica del capital financiero, al imperialismo, puede ser no el librecambio, sino solamente el socialismo. El fin de la política proletaria no puede ser actualmente la restauración de la libre competencia —que se ha convertido ahora en un ideal reaccionario—, sino únicamente la destrucción completa de la competencia mediante la supresión del capitalismo".‡

Kautsky ha roto con el marxismo al defender para la época del capital financiero un "ideal reaccionario", la "democracia pacífica", el "simple peso de los factores económicos", pues este ideal arrastra *objetivamente* hacia atrás, del capitalismo monopolista al capitalismo no monopolista, y es un engaño reformista.

El comercio con Egipto (o con otra colonia o semicolonia) "habría crecido" más *sin* la ocupación militar, sin el imperialismo, sin el capital financiero. ¿Qué significa esto? ¿Que el capitalismo se desarrollaría más rápidamente si la libre competencia no conociera la limitación que le imponen los monopolios en general, las "relaciones" o el yugo (esto es también monopolio) del capital financiero y la posesión monopolista de las colonias por parte de algunos países?

Los razonamientos de Kautsky no pueden tener otro sentido, y *este* "sentido" es un sin sentido. Admitamos que *sí*, que la libre competencia, sin monopolios de ninguna especie, *podría* desarrollar el capitalismo y el comercio más rápidamente. Pero cuanto más rápido es el desarrollo del comercio y del capitalismo, más intensa es la concentración de la producción y del capital que *engendra* el monopolio. ¡Y los monopolios han nacido *ya* precisamente *de* la libre competencia! Aun en el caso de que los monopolios frenasen actualmente su desarrollo, esto no sería, a pesar de todo, un argumento en favor de la libre competencia, la cual es imposible después de haber engendrado los monopolios.

Por más vueltas que se dé a los razonamientos de Kautsky, no se hallará en ellos más que reaccionarismo y reformismo burgués.

Si se corrige este razonamiento y se dice, como lo hace Spektator, que el comercio de las colo-

---

* *Bulletin de l'Institut international de statistique*, t. XIX, libro II, pág. 225.

† Kautsky. *Nationalstaat, imperialistischer Staat und Staatenbund*, Nuremberg, 1915, págs. 72 y 70.

‡ *El capital financiero*, pág. 567.

nias inglesas con la metrópoli progresa en la actualidad más lentamente que con otros países, esto tampoco salva a Kautsky, pues Inglaterra resulta batida *también* por el monopolio, *también* por el imperialismo, pero de otros países (Estados Unidos, Alemania). Se sabe que los cartels han conducido al establecimiento de aranceles proteccionistas de un tipo nuevo, original: se protegen (como lo hizo observar ya Engels en el III tomo de *El Capital*[20]) precisamente los productos susceptibles de ser exportados. Es conocido asimismo el sistema, propio de los cartels y del capital financiero, de "exportación a bajo precio", el "dumping", como dicen los ingleses: en el interior del país, el cartel vende sus productos a un precio monopolista elevado, y en el extranjero los coloca a un precio bajísimo con objeto de arruinar al competidor, ampliar hasta el máximo su propia producción, etc. Si Alemania desarrolla su comercio con las colonias inglesas más rápidamente que Inglaterra, esto demuestra solamente que el imperialismo alemán es más lozano, más fuerte, mejor organizado que el inglés, superior a éste, pero no demuestra, ni mucho menos, la "preponderancia" del librecambio, porque no es el librecambio que lucha contra el proteccionismo y contra la dependencia colonial, sino que un imperialismo lucha contra otro, un monopolio contra otro, un capital financiero contra otro. La preponderancia del imperialismo alemán sobre el inglés es más fuerte que la muralla de las fronteras coloniales o de los aranceles proteccionistas: sacar de ahí un "argumento" *en favor* del librecambio y de la "democracia pacífica" equivale a sostener una trivialidad, a olvidar los rasgos y las propiedades fundamentales del imperialismo, a suplantar el marxismo por el reformismo pequeñoburgués.

Es interesante hacer notar que incluso el economista burgués, A. Lansburgh, que critica el imperialismo de una manera tan filistea como Kautsky, ha abordado de un modo más científico que él la ordenación de los datos de la estadística comercial. Lansburgh no ha comparado un país tomado al azar, y precisamente una colonia, con los demás países, sino que ha comparado las exportaciones de un país imperialista: 1) a los países que dependen financieramente de él, que han recibido empréstitos, y 2) a los países financieramente independientes. El resultado obtenido es el siguiente:

Exportación de Alemania (en millones de marcos)

	Países	1889	1908	Aumento
A los países financieramente dependientes de ella	Rumania	48,2	70,8	47%
	Portugal	19,0	32,8	73%
	Argentina	60,7	147,0	143%
	Brasil	48,7	84,5	73%
	Chile	28,3	52,4	85%
	Turquía	29,9	64,0	114%
	Total	234,8	451,5	92%
A los países financieramente independientes de ella	Gran Bretaña	651,8	997,4	53%
	Francia	210,2	437,9	108%
	Bélgica	137,2	322,8	135%
	Suiza	177,4	401,1	127%
	Australia	21,2	64,5	205%
	Indias Orientales	8,8	40,7	363%
	Total	1 206,6	2 264,4	87%

Lansburgh no sacó *el total* y por eso, cosa peregrina, no se dio cuenta de que *si* estas cifras prueban algo es sólo *contra* él, pues la exportación a los países financieramente dependientes ha crecido, *a pesar de todo, más rápidamente*, aunque no de un modo muy considerable, que la exportación a los países financieramente independientes (subrayamos el "si" porque la estadística de Lansburgh dista mucho de ser completa).

Refiriéndose a la relación entre la exportación y los empréstitos, Lansburgh dice:

"En 1890–1891, fue concertado el empréstito rumano por mediación de los bancos alemanes, los cuales en los años anteriores adelantaron ya dinero a cuenta del mismo. El empréstito sirvió principalmente para la adquisición de material ferroviario, que se recibía de Alemania. En 1891, la exportación alemana a Rumania fue de 55 millones de marcos. Al año siguiente descendió hasta 39,4 y, con intervalos, hasta 25,4 millones en 1900. Unicamente en estos últimos años, gracias a otros dos nuevos empréstitos, se ha recuperado el nivel de 1891.

"La exportación alemana a Portugal aumentó, a consecuencia de los empréstitos de 1888 y 1889, hasta 21,1 millones de marcos (1890); después, en los dos años siguientes, descendió hasta 16,2 y 7,4 millones, y únicamente alcanzó su antiguo nivel en 1903.

"Son todavía más expresivos los datos del comercio germano-argentino. A consecuencia de los empréstitos de 1888 y 1890, la exportación alemana a la Argentina alcanzó en 1889 la cifra de 60,7 millones de marcos. Dos años más tarde era sólo de 18,6 millones, esto es, menos de la tercera parte. Sólo en 1901 es alcanzado y sobrepasado el nivel de 1889, lo que se debe a los nuevos empréstitos del Estado y municipales, a la entrega de dinero para la construcción de fábricas de electricidad y a otras operaciones de crédito.

"La exportación a Chile aumentó, a consecuencia del empréstito de 1889, hasta 45,2 millones de marcos (1892), descendiendo un año después a 22,5 millones. Después de un nuevo empréstito, concertado por intermedio de los bancos alemanes en 1906, la exportación se elevó hasta 84,7 millones de marcos (1907) para descender de nuevo a 52,4 millones en 1908".*

Lansburgh deduce de estos hechos una divertida moraleja filistea: lo inconsistente y desigual que es la exportación relacionada con los empréstitos, lo mal que está exportar capitales al extranjero en vez de fomentar la industria patria de un modo "natural" y "armónico", lo "caras" que le resultan a Krupp las gratificaciones de millones y millones al ser concertados los empréstitos extranjeros, etc. Pero los hechos hablan con claridad: el aumento de la exportación está *precisamente* relacionado con las fraudulentas maquinaciones del capital financiero, que no se preocupa de la moral burguesa y saca al buey dos cueros: primero, el beneficio del empréstito, y segundo, un beneficio de *ese mismo* empréstito, cuando se invierte en adquirir artículos de Krupp o material ferroviario del sindicato del acero, etc.

Repetimos que estamos lejos de considerar perfecta la estadística de Lansburgh, pero era indispensable reproducirla, porque es más científica que la de Kautsky y de Spektator, ya que Lansburgh indica una manera acertada de enfocar el problema. Para razonar sobre la significación del capital financiero en lo que se refiere a la exportación, etc., es indispensable saber destacarla de manera especial y únicamente en su relación con las maquinaciones de los financieros, de manera especial y únicamente en su relación con la venta de los productos de los cartels, etc. Limitarse a comparar sencillamente las colonias en general con los países no coloniales, un imperialismo con otro, una semicolonia o colonia (Egipto) con todos los demás países significa dejar a un lado y escamotear precisamente la *esencia* de la cuestión.

La crítica teórica del imperialismo que Kautsky hace no tiene nada de común con el marxismo; únicamente sirve como punto de partida para predicar la paz y la unidad con los oportunistas y los socialchovinistas, porque deja a un lado y vela justamente las contradicciones más profundas y radicales del imperialismo: las contradicciones entre los monopolios y la libre competencia que existe paralelamente con ellos, entre las "operaciones" gigantescas (y las ganancias gigantescas) del capital financiero y el comercio "honrado" en el mercado libre, entre los cartels y trusts, por una parte, y la industria no cartelizada, por otra, etc.

Lleva absolutamente el mismo sello reaccionario la famosa teoría del "ultraimperialismo" inventada por Kautsky. Comparad sus razonamientos sobre este tema en 1915 con los de Hobson en 1902:

Kautsky: "...¿No puede la política imperialista actual ser desalojada por otra nueva, ultraimperialista, que en vez de la lucha de los capitales financieros nacionales entre sí colocase la explotación común de todo el mundo por el capital financiero unido internacionalmente? Tal nueva fase del capitalismo, en todo caso, es concebible. La carencia de premisas suficientes impide afirmar si es realizable o no".†

Hobson: "El cristianismo consolidado en un número limitado de grandes imperios federales, cada uno de ellos con colonias no civilizadas y países dependientes, les parece a muchos la evolución más legítima de las tendencias actuales, una evolución, además, que haría concebir las mayores esperanzas en una paz permanente sobre la base sólida del interimperialismo".

Kautsky califica de ultraimperialismo o superimperialismo lo que Hobson calificaba 13 años antes de interimperialismo. Si exceptuamos la

---

* *Die Bank,* 1909, págs. 819 y siguientes.

† *Neue Zeit,* 30 de abril, 1915, pág. 144.

formación de una nueva y sapientísima palabreja mediante la sustitución de un prefijo latino por otro, el progreso "científico" de Kautsky se reduce a la pretensión de hacer pasar por marxismo lo que Hobson describe, en esencia, como manifestación hipócrita de los curas ingleses. Después de la guerra anglo-boer era natural que este honorable estamento dedicara sus mayores esfuerzos a *consolar* a los mesócratas y obreros ingleses, los cuales habían tenido un buen número de muertos en las batallas surÁfricanas y hubieron de satisfacer elevados impuestos para garantizar mayores utilidades a los financieros ingleses. ¿Y qué podía consolarles mejor que la idea de que el imperialismo no era tan malo, que se hallaba muy cerca del ínter o ultraimperialismo, capaz de asegurar la paz permanente? Cualesquiera que fueran las buenas intenciones de los curitas ingleses o del dulzón de Kautsky, el sentido objetivo, esto es, el verdadero sentido social de su "teoría" es uno y sólo uno: el consuelo archirreaccionario de las masas con la esperanza en la posibilidad de una paz permanente bajo el capitalismo, distrayendo la atención de las agudas contradicciones y de los agudos problemas de la actualidad para dirigirla hacia las falsas perspectivas de un pretendido nuevo "ultraimperialismo" futuro. Excepción hecha del engaño de las masas, la teoría "marxista" de Kautsky no contiene nada.

En efecto, basta confrontar con claridad los hechos notorios, indiscutibles, para convencerse hasta qué punto son falsas las perspectivas que Kautsky se esfuerza en inculcar a los obreros alemanes (y a los de todos los países). Tomemos el ejemplo de la India, de Indochina y de China. Es sabido que esas tres colonias y semicolonias, con una población de 600 a 700 millones de almas, se hallan sometidas a la explotación del capital financiero de varias potencias imperialistas: Inglaterra, Francia, el Japón, los Estados Unidos, etc. Supongamos que dichos países imperialistas forman alianzas, una contra otra, con objeto de defender o extender sus posesiones, sus intereses y sus "esferas de influencia" en los mencionados países asiáticos. Esas alianzas serán alianzas "interimperialistas" o "ultraimperialistas". Supongamos que *todas* las potencias imperialistas constituyen una alianza para el reparto "pacífico" de dichos países asiáticos: ésa será una alianza del "capital financiero unido internacionalmente". En la historia del siglo XX hallamos casos concretos de alianzas de ese tipo: tales son, por ejemplo, las relaciones de las potencias con respecto a China[21], ¿y es "concebible", preguntamos, admitir, que, presuponiendo el mantenimiento del capitalismo (y es precisamente esta condición la que Kautsky presenta), dichas alianzas no sean efímeras, que excluyan los rozamientos, los conflictos y la lucha en todas las formas imaginables?

Basta formular claramente la pregunta para que sea imposible darle una respuesta que no sea negativa, pues bajo el capitalismo no se concibe otro fundamento para el reparto de las esferas de influencia, de los intereses, de las colonias, etc., que la *fuerza* de quienes participan en el reparto, la fuerza económica general, financiera, militar, etc. Y la fuerza de los que participan en el reparto no se modifica de un modo idéntico, ya que bajo el capitalismo es imposible el desarrollo *armónico* de las distintas empresas, trusts, ramas industriales y países. Hace medio siglo, Alemania era una absoluta insignificancia comparando su fuerza capitalista con la de Inglaterra de aquel entonces; lo mismo se puede decir del Japón si se le compara con Rusia. ¿Es "concebible" que dentro de unos diez o veinte años permanezca invariable la correlación de fuerzas entre las potencias imperialistas? Es absolutamente inconcebible.

Por esto, las alianzas "interimperialistas" o "ultraimperialistas" en el mundo real capitalista, y no en la vulgar fantasía pequeñoburguesa de los curas ingleses o del "marxista" alemán Kautsky —sea cual fuere su forma: una coalición imperialista contra otra coalición imperialista, o una alianza general de *todas* las potencias imperialistas—, sólo pueden ser inevitablemente "treguas" entre las guerras. Las alianzas pacíficas preparan las guerras y a su vez surgen de las guerras, condicionándose mutuamente, engendrando una sucesión de formas de lucha pacífica y no pacífica sobre *una misma* base de vínculos imperialistas y de relaciones recíprocas entre la economía y la política mundiales. Y el sapientísimo Kautsky, para tranquilizar a los obreros y reconciliarlos con los socialchovinistas, que se han pasado a la burguesía, *separa* los eslabones de una sola y la misma cadena, separa la actual alianza pacífica (que es ultraimperialista y aun ultra-ultraimperialista) de *todas* las potencias creada para la "pacificación" de China (acordaos del aplastamiento de la insurrección de los boxers[22]) del conflicto no pacífico de mañana, que preparará para pasado mañana otra alianza "pacífica" general para el reparto, supongamos, de Turquía, *etc., etc*. En vez del vínculo vivo entre los períodos de paz imperialista y de guerras imperialistas, Kautsky ofrece a los obreros una abstracción muerta, a fin de reconciliarlos con sus jefes muertos.

El norteamericano Hill indica en el prólogo de su *Historia de la diplomacia en el desenvolvimiento internacional de Europa* los períodos siguientes de la historia contemporánea de la diplomacia: 1) era de la revolución; 2) movimiento constitucionalista; 3) era del "imperialismo comercial"* de nuestros días. Otro escritor divide la historia de la "política mundial" de la Gran Bretaña a partir de 1870 en cuatro períodos: 1) primer período asiático (lucha contra el movimiento de Rusia en el Asia Central hacia la India); 2) período Africano (de 1885 a 1902 aproximadamente): lucha contra Francia por el reparto de África (incidente de Fachoda en 1898[23], a punto de producir la guerra con Francia); 3) segundo período asiático (tratado con el Japón contra Rusia); 4) período "europeo", dirigido principalmente contra Alemania.† "Las escaramuzas políticas de los destacamentos de vanguardia se libran en el terreno financiero", escribía en 1905 Riesser, "personalidad" del mundo bancario, indicando cómo el capital financiero francés preparó con sus operaciones en Italia la alianza política de dichos países, cómo se desarrollaba la lucha entre Alemania e In glaterra por Persia, la lucha entre todos los capitales europeos por quedarse con empréstitos chinos, etc. Tal es la realidad viva de las alianzas "ultraimperialistas" pacíficas unidas indisolublemente a los conflictos simplemente imperialistas.

La atenuación que Kautsky hace de las contradicciones más profundas del imperialismo y que se convierte inevitablemente en un embellecimiento del imperialismo, deja también huella en la crítica a que este escritor somete las cualidades políticas del imperialismo. El imperialismo es la época del capital financiero y de los monopolios, los cuales traen aparejada en todas partes la tendencia a la dominación y no a la libertad. La reacción en toda la línea, sea cual fuere el régimen político; la exacerbación extrema de las contradicciones en esta esfera también: tal es el resultado de dicha tendencia. Particularmente se intensifica asimismo la opresión nacional y la tendencia a las anexiones, esto es, a la violación de la independencia nacional (pues la anexión no es sino la violación del derecho de las naciones a la autodeterminación). Hilferding hace observar con acierto la relación entre el imperialismo y la intensificación de la opresión nacional: "En lo que se refiere a los países recientemente descubiertos —dice—, el capital importado intensifica las contradicciones y provoca contra los intrusos una resistencia creciente de los pueblos, cuya conciencia nacional se despierta; esta resistencia puede transformarse fácilmente en medidas peligrosas contra el capital extranjero. Se revolucionan radicalmente las viejas relaciones sociales, se destruye el aislamiento agrario milenario de las "naciones al margen de la historia", las cuales se ven arrastradas al torbellino capitalista. El propio capitalismo proporciona poco a poco a los sometidos medios y procedimientos adecuados de emancipación. Y dichas naciones formulan el objetivo que en otros tiempos fue el más elevado entre las naciones europeas: la creación de un Estado nacional único como instrumento de libertad económica y cultural. Este movimiento pro independencia amenaza al capital europeo en sus zonas de explotación más preciadas, que prometen las perspectivas más brillantes, y el capital europeo sólo puede mantener la dominación aumentando continuamente sus fuerzas militares".‡

A esto hay que añadir que no sólo en los países recientemente descubiertos, sino incluso en los viejos, el imperialismo conduce a las anexiones, a la intensificación de la opresión nacional, y, por consiguiente, también intensifica la resistencia. Al negar que el imperialismo intensifica la reacción política, Kautsky deja en la sombra lo que se refiere a la imposibilidad de la unidad con los oportunistas en la época del imperialismo, cuestión que ha adquirido particular importancia vital. Al oponerse

---

* David Jayne Hill. *A History of the Diplomacy in the international development of Europe*, vol. I, pág. X.

† Schilder. Obra cit., pág. 178.

‡ *El capital financiero*, pág. 487.

a las anexiones, da a sus argumentos la forma más inofensiva y más aceptable para los oportunistas. Kautsky se dirige directamente al lector alemán y, sin embargo, vela precisamente lo más esencial y más actual, por ejemplo, que Alsacia-Lorena es una anexión de Alemania. Para apreciar esta "aberración mental" de Kautsky, tomemos un ejemplo. Supongamos que un japonés condena la anexión de Filipinas por los norteamericanos. Cabe la pregunta: ¿Serán muchos los que atribuyan esto a la enemiga a las anexiones en general y no al deseo del Japón de anexionarse él mismo las Filipinas? ¿Y no habrá que admitir que la "lucha" del japonés contra las anexiones sólo puede ser sincera y políticamente honrada en el caso de que se levante contra la anexión de Corea por el Japón, de que reivindique la libertad de Corea a separarse del Japón?

Tanto el análisis teórico como la crítica económica y política que Kautsky hace del imperialismo se hallan *totalmente* impregnados de un espíritu en absoluto incompatible con el marxismo, de un espíritu que vela y lima las contradicciones más cardinales, de la tendencia a mantener a toda costa la unidad con el oportunismo en el movimiento obrero europeo, unidad que se está resquebrajando.

X. EL LUGAR HISTÓRICO DEL IMPERIALISMO

Como hemos visto, el imperialismo por su esencia económica es el capitalismo monopolista. Esto determina ya el lugar histórico del imperialismo, pues el monopolio, que nace única y precisamente de la libre competencia, es el tránsito del capitalismo a una estructura económica y social más elevada. Hay que señalar particularmente cuatro variedades esenciales del monopolio o manifestaciones principales del capitalismo monopolista características del período que nos ocupa.

Primero: El monopolio es un producto de la concentración de la producción en un grado muy elevado de su desarrollo. Lo forman las agrupaciones monopolistas de los capitalistas, los cartels, los sindicatos y los trusts. Hemos visto su inmenso papel en la vida económica contemporánea. Hacia principios del siglo XX alcanzaron pleno predominio en los países avanzados, y si los primeros pasos en el sentido de la cartelización los dieron con anterioridad los países de tarifas arancelarias proteccionistas elevadas (Alemania, Estados Unidos), Inglaterra, con su sistema de librecambio, mostró, aunque algo más tarde, ese mismo hecho fundamental: el nacimiento del monopolio como consecuencia de la concentración de la producción.

Segundo: Los monopolios han venido a recrudecer la pelea por la conquista de las más importantes fuentes de materias primas, particularmente para la industria fundamental y más cartelizada de la sociedad capitalista: la hullera y la siderúrgica. La posesión monopolista de las fuentes más importantes de materias primas ha aumentado terriblemente el poderío del gran capital y ha agudizado las contradicciones entre la industria cartelizada y la no cartelizada.

Tercero: El monopolio ha surgido de los bancos, los cuales, de modestas empresas intermediarias que eran antes, se han convertido en monopolistas del capital financiero. Tres o cinco grandes bancos de cualquiera de las naciones capitalistas más avanzadas han realizado la "unión personal" del capital industrial y bancario y han concentrado en sus manos sumas de miles y miles de millones, que constituyen la mayor parte de los capitales y de los ingresos monetarios de todo el país. La oligarquía financiera, que tiende una espesa red de relaciones de dependencia sobre todas las instituciones económicas y políticas de la sociedad burguesa contemporánea sin excepción: he aquí la manifestación más evidente de este monopolio.

Cuarto: El monopolio ha nacido de la política colonial. A los numerosos "viejos" motivos de la política colonial, el capital financiero ha añadido la lucha por las fuentes de materias primas, por la exportación de capital, por las "esferas de influencia", esto es, las esferas de transacciones lucrativas, de concesiones, de beneficios monopolistas, etc., y, finalmente, por el territorio económico en general. Cuando las colonias de las potencias europeas en África, por ejemplo, representaban una décima parte de ese continente, como ocurría aún en 1876, la política colonial podía desenvolverse de un modo no monopolista, por la "libre conquista", pudiéramos decir, de territorios. Pero cuando las $^{9}/_{10}$ de África estuvieron ocupadas (hacia 1900), cuando todo el mundo estuvo repartido, empezó inevitablemente la era de posesión monopolista de las colonias y, por consiguiente, de lucha particularmente aguda por la partición y el nuevo reparto del mundo.

Es notorio hasta qué punto el capitalismo monopolista ha agudizado todas las contradicciones del capitalismo. Basta indicar la carestía de la vida y el yugo de los cartels. Esta agudización de las contradicciones es la fuerza motriz más potente del período histórico de transición iniciado con la victoria definitiva del capital financiero mundial.

Los monopolios, la oligarquía, la tendencia a la dominación en vez de la tendencia a la libertad, la explotación de un número cada vez mayor de naciones pequeñas, o débiles por un puñado de naciones riquísimas o muy fuertes: todo esto ha originado los rasgos distintivos del imperialismo que obligan a calificarlo de capitalismo parasitario o en estado de descomposición. Cada día se manifiesta con más relieve, como una de las tendencias del imperialismo, la formación de "Estados rentistas", de Estados usureros, cuya burguesía vive cada día más a costa de la exportación de capitales y del "corte del cupón". Sería un error creer que esta tendencia a la descomposición descarta el rápido crecimiento del capitalismo. No; ciertas ramas industriales, ciertos sectores de la burguesía, ciertos países manifiestan en la época del imperialismo, con mayor o menor intensidad, ya una ya otra de estas tendencias. En su conjunto, el capitalismo crece con una rapidez incomparablemente mayor que antes, pero este crecimiento no sólo es cada vez más desigual, sino que la desigualdad se manifiesta asimismo, de un modo particular, en la descomposición de los países donde el capital ocupa las posiciones más firmes (Inglaterra).

En lo que se refiere a la rapidez del desarrollo económico de Alemania, Riesser, autor de una investigación sobre los grandes bancos alemanes, dice: "El progreso, no demasiado lento, de la época precedente (1848 a 1870) guarda con respecto al rápido desarrollo de toda la economía en Alemania y particularmente de sus bancos en la época actual (1870 a 1905) la misma relación aproximadamente que el coche de posta de los viejos tiempos con respecto al automóvil moderno, el cual marcha a tal velocidad que representa un peligro para el despreocupado transeúnte y para quienes van en el vehículo". A su vez, ese capital financiero que ha crecido con una rapidez tan extraordinaria, precisamente porque ha crecido de este modo no tiene inconveniente alguno en pasar a una posesión más "tranquila" de las colonias que deben ser conquistadas, no sólo por medios pacíficos, a las naciones más ricas. Y en los Estados Unidos, el desarrollo económico ha ido durante estos últimos decenios aún más rápido que en Alemania, y precisamente *gracias* a esta circunstancia, los rasgos parasitarios del capitalismo norteamericano contemporáneo resaltan con particular relieve. De otra parte, la comparación, por ejemplo, de la burguesía republicana norteamericana con la burguesía monárquica japonesa o alemana muestra que las más grandes diferencias políticas se atenúan en el más alto grado en la época del imperialismo; y no porque dicha diferencia no sea importante en general, sino porque en todos esos casos se trata de una burguesía con rasgos definidos de parasitismo.

La obtención de elevadas ganancias monopolistas por los capitalistas de una de tantas ramas de la industria, de uno de tantos países, etc., les brinda la posibilidad económica de sobornar a ciertos sectores obreros, y, temporalmente, a una minoría bastante considerable de estos últimos, atrayéndolos al lado de la burguesía de dicha rama o de dicha nación, contra todos los demás. El acentuado antagonismo de las naciones imperialistas en torno al reparto del mundo, ahonda esa tendencia. Así se crea el vínculo entre el imperialismo y el oportunismo, vínculo que se ha manifestado antes que en ninguna otra parte y de un modo más claro en Inglaterra debido a que varios de los rasgos imperialistas de desarrollo aparecieron en ese país mucho antes que en otros. A algunos escritores, por ejemplo, a L. Mártov, les place negar el vínculo entre el imperialismo y el oportunismo en el movimiento obrero —hecho que salta ahora a la vista con particular evidencia— por medio de argumentos impregnados de "optimismo oficial" (a lo de Kautsky y Huysmans) del género del que sigue: la causa de los adversarios del capitalismo sería una causa perdida si el capitalismo avanzado condujera al reforzamiento del oportunismo o si los obreros mejor retribuidos mostraran inclinación hacia el oportunismo, etc. No hay que dejarse engañar sobre la significación de ese "optimismo": es un optimismo con respecto al oportunismo, es un optimismo que sirve de tapadera al oportunismo. En realidad, la rapidez particular y el carácter singularmente repulsivo del desarrollo del oportunismo no le garantizan en modo alguno una victoria sólida, del mismo modo que la rapidez de desarrollo de un tumor maligno en un cuerpo sano no puede más que contribuir a que dicho tumor reviente antes librando así de él al organismo. Lo más peligroso en este sentido son las gentes que no desean comprender que la lucha contra el imperialismo es una frase vacía y falsa si no va ligada indisolublemente a la lucha contra el oportunismo.

De todo lo que llevamos dicho sobre la esencia económica del imperialismo se desprende que hay que calificarlo de capitalismo de transición o, más propiamente, de capitalismo agonizante. En este sentido es extremadamente instructiva la circunstancia de que los términos más usuales que los economistas burgueses emplean al describir el capitalismo moderno son los de "entrelazamiento", "ausencia de aislamiento", etc.; los bancos son "unas empresas que, por sus fines y su desarrollo, no tienen un carácter de economía privada pura, sino que cada día se van saliendo más de la esfera de la regulación de la economía puramente privada". ¡Y ese mismo Riesser, a quien pertenecen estas últimas palabras, manifiesta con la mayor seriedad del mundo que las "predicciones" de los marxistas respecto a la "socialización" "no se han cumplido"!

¿Qué significa, pues, la palabreja "entrelazamiento"? Expresa únicamente el rasgo más acusado del proceso que se está desarrollando ante nosotros; muestra que el observador cuenta los árboles y no ve el bosque, que copia servilmente lo exterior, lo accidental, lo caótico; indica que el observador es un hombre abrumado por los materiales en bruto y que no comprende nada de su sentido y de su significación. Se "entrelazan accidentalmente" la posesión de acciones, las relaciones de los propietarios particulares. Pero lo que constituye la base de dicho entrelazamiento, lo que se halla detrás del mismo son las relaciones sociales de producción sometidas a un cambio continuo. Cuando una gran empresa se convierte en gigantesca y organiza sistemáticamente, apoyándose en un cálculo exacto con multitud de datos, el abastecimiento de $2/3$ ó de $3/4$ de las materias primas necesarias para una población de varias decenas de millones; cuando se organiza sistemáticamente el transporte de dichas materias primas a los puntos de producción más cómodos, que se hallan a veces separados por centenares y miles de kilómetros; cuando desde un centro se dirige la transformación consecutiva del material en todas sus diversas fases hasta obtener numerosos productos manufacturados; cuando la distribución de dichos productos se efectúa según un plan único entre decenas y centenares de millones de consumidores (venta de petróleo en América y en Alemania por el Trust del Petróleo norteamericano), entonces se advierte con evidencia que nos hallamos ante una socialización de la producción y no ante un simple "entrelazamiento"; se advierte que las relaciones de economía y de propiedad privadas constituyen una envoltura que no corresponde ya al contenido, que esa envoltura debe inevitablemente descomponerse si se aplaza artificialmente su supresión, que puede permanecer en estado de descomposición durante un período relativamente largo (en el peor de los casos, si la curación del tumor oportunista se prolonga demasiado), pero que, con todo y con eso, será ineluctablemente suprimida.

Schulze-Gaevernitz, entusiasta admirador del imperialismo alemán, exclama:

"Si, en fin de cuentas, la dirección de los bancos alemanes se halla en las manos de unas diez o doce personas, su actividad es ya actualmente más importante para el bien público que la actividad de la mayoría de los ministros" (en este caso es más ventajoso olvidar el "entrelazamiento" existente entre banqueros, ministros, industriales, rentistas, etc.) "…Si se reflexiona hasta el fin sobre el desarrollo de las tendencias que hemos visto, llegamos a la conclusión siguiente: el capital monetario de la nación está unido en los bancos; los bancos están unidos entre sí en el cartel; el capital de la nación, que busca el modo de ser aplicado, ha tomado la forma de títulos de valor. Entonces se cumplen las palabras geniales de Saint-Simon: 'La anarquía actual de la producción, consecuencia del hecho de que las relaciones económicas se desarrollan sin una regulación uniforme, debe dejar su puesto a la organización de la producción. La producción no será dirigida por patronos aislados, independientes uno del otro, que ignoran las necesidades económicas de los hombres; la producción se hallará en manos de una institución social determinada. El comité central de administración, que tendrá la posibilidad de enfocar la vasta esfera de la economía social desde un punto de vista más elevado, la regulará del modo que resulte útil para la sociedad entera, entregará los medios de producción a las manos apropiadas para ello y se preocupará, sobre todo, de que exista una armonía constante entre la producción y el consumo. Existen instituciones que entre sus fines han incluido una determinada organización de la labor económica, los bancos'. Estamos todavía lejos de que se cumplan estas palabras de Saint-Simon, pero nos hallamos ya en vías de lograrlo: será un marxismo distinto de como se lo imaginaba Marx, pero distinto sólo por la forma".* No hay nada que decir: excelente "refutación" de Marx, que da un paso atrás, que retrocede del análisis científico exacto de Marx a la conjetura —genial, pero conjetura al fin— de Saint-Simon.

---

* *Grundriss der Sozialökonomik*, pág. 146.

NOTAS

1. Escrito en enero–junio de 1916, fue publicado por primera vez a mediados de 1917, en volumen suelto, por la imprenta "La vida y el saber" de Petrogrado; el prefacio para las ediciones francesa y alemana se publicó en 1921 en la revista *La Internacional Comunista*, núm. 18. V.I. Lenin. *Obras,* 5ª ed. en ruso, tomo 27, págs. 299–426.

Mucho antes de empezar la primera guerra mundial, Lenin señalaba nuevos fenómenos en el desarrollo del capitalismo, ponía al descubierto y analizaba varios rasgos típicos de la época del imperialismo y estudiaba atentamente la literatura novísima sobre el capitalismo.

Al comenzar la primera contienda mundial, Lenin empezó a investigar en todos los aspectos la fase monopolista del desarrollo del capitalismo. Los materiales preparatorios *(Cuadernos sobre el imperialismo)* para el libro *Imperialismo, fase superior del capitalismo* constituyen unos 50 pliegos de imprenta y contienen extractos de 148 libros (de ellos, 106 alemanes; 23 franceses; 17 ingleses y 2 traducidos al ruso) y de 232 artículos.—1.

2. Se refiere al Tratado de Paz entre la Rusia Soviética y las potencias de la Cuádruple Alianza (Alemania, Austria-Hungría, Bulgaria y Turquía) firmado el 3 de marzo de 1918 en Brest-Litovsk y ratificado el 15 de marzo por el IV Congreso Extraordinario de los Soviets de toda Rusia. Las condiciones del tratado fueron duras en extremo para la Rusia Soviética. Según el tratado, Polonia, casi todo el territorio del Báltico, parte de Bielorrusia debían someterse al control de Alemania y Austria-Hungría; Ucrania se separaba de la Rusia Soviética y se convertía en un Estado dependiente de Alemania. Turquía recibió las ciudades de Kars, Batum y Ardahan. En agosto de 1918, Alemania impuso a la Rusia Soviética un tratado suplementario y un acuerdo financiero, en los que presentó nuevas demandas de rapiña.

Después de la revolución que estalló en noviembre de 1918 en Alemania y derrocó el régimen monárquico, el CEC de toda Rusia declaró el 13 de noviembre de 1918 la anulación del tratado de Brest, injusto y rapaz.—3.

3. El Tratado de Paz de Versalles, que dio término a la guerra mundial imperialista de 1914–1918, fue firmado el 28 de junio de 1919 por los EE.UU., el Imperio Británico, Francia, Italia, el Japón y los países incorporados a éstos en el curso de la guerra, de una parte, y por Alemania, de otra. El Tratado de Paz de Versalles tuvo por objetivo refrendar el reparto del mundo capitalista a favor de las potencias vencedoras y crear un sistema de relaciones entre países que fuese dirigida a estrangular la Rusia Soviética y derrotar el movimiento revolucionario en todo el mundo.—3.

4. "Wilsonismo", proviene del nombre de W. Wilson, presidente de los EE.UU. de 1913–1921. En el primer año de su administración, Wilson promulgó varias leyes (sobre el impuesto de utilidades progresivo, contra los trusts, etc.), las que denominó demagógicamente la era de la "nueva libertad". Wilson y sus adeptos camuflaban la bandidesca política exterior del imperialismo norteamericano con las consignas y frases hipócritas y demagógicas sobre la "democracia" y la "unión de los pueblos". Desde los primeros días del Poder soviético, Wilson fue uno de los inspiradores y organizadores de la intervención contra la Rusia Soviética. En contraposición al profundo influjo de la política de paz del Gobierno soviético en las masas populares de todos los países, Wilson promovió el demagógico "programa de paz", formulado por él en "14 puntos" encaminado a velar la política agresiva de los EE.UU. La propaganda norteamericana y la prensa burguesa europea crearon a Wilson una falsa aureola de luchador por la paz. Sin embargo, la hipocresía de la fraseología pequeño-burguesa de Wilson y los "wilsonistas" fue puesta al desnudo muy rápidamente debido a la política anti-obrera y reaccionaria dentro del país y a la política exterior agresiva de los EE.UU.—3.

5. El Manifiesto de Basilea de la II Internacional fue aprobado el 25 de noviembre de 1912 por el Congreso Socialista Internacional Extraordinario, celebrado el 24 y 25 de noviembre de 1912 en dicha ciudad. El manifiesto advertía a los pueblos sobre la amenaza de la

guerra mundial que se avecinaba, ponía al descubierto los objetivos expoliadores de esta guerra y llamaba a los obreros de todos los países a luchar decididamente por la paz, oponiendo al "imperialismo capitalista la fuerza de la solidaridad internacional del proletariado". En el Manifiesto de Basilea fue incluido el punto, formulado por Lenin, de la resolución del Congreso de Stuttgart (1907) diciendo que en caso de estallar la guerra imperialista, los socialistas debían utilizar la crisis económica y política, originada por la guerra, para luchar por la revolución socialista.

Los jefes de la II Internacional votaron en el congreso la aprobación del manifiesto contra la guerra, pero al estallar ésta, hicieron caso omiso del Manifiesto de Basilea y otros acuerdos de los congresos socialistas internacionales sobre la lucha contra la guerra y se colocaron al lado de los gobiernos imperialistas de sus respectivos países.—3.

6. Lenin se refiere a la II Internacional (de Berna) fundada en la conferencia de los partidos socialistas, celebrado en Berna en febrero de 1919, por los líderes de los partidos socialistas europeooccidentales en sustitución de la II Internacional que dejó de existir al comienzo de la primera guerra mundial. La Internacional de Berna desempeñó, de hecho, el papel de servidora de la burguesía internacional.—3.

7. Partido Socialdemócrata Independiente de Alemania: partido centrista fundado en abril de 1917. Sus miembros se encubrían con la fraseología centrista y predicaban la "unidad" con los socialchovinistas, deslizándose hacia la negación de la lucha de clases. La organización kautskiana "Confraternidad del Trabajo" fue el núcleo fundamental de este partido.

El Partido Socialdemócrata Independiente se escindió en octubre de 1920, en el Congreso de Halle. Una parte considerable de él se unificó, en diciembre de 1920, con el Partido Comunista de Alemania. Los elementos derechistas formaron su partido al que dieron el viejo nombre de Partido Socialdemócrata Independiente de Alemania. Esta subsistió hasta 1922.—4.

8. *Tercera Internacional,* o Internacional Comunista: organización revolucionaria internacional de los proletarios, que representaba la agrupación de partidos comunistas de diversos países; existió de 1919 a 1943.

La creación de la III Internacional se convirtió en una necesidad histórica, después de la escisión del movimiento obrero, provocada por la traición de los líderes oportunistas de la II Internacional a la causa del socialismo a comienzos de la primera guerra mundial y por el hundimiento de la II Internacional. Lenin desempeñó un relevante papel en la fundación de la Internacional Comunista.

El I Congreso de la Internacional Comunista se celebró en Moscú del 2 al 6 de marzo de 1919. El congreso aprobó el *Manifiesto* a los proletarios de todo el mundo en el que se indicaba que la Internacional Comunista era la sucesora de las ideas de Marx y Engels expresadas en el *Manifiesto del Partido Comunista.*

La Internacional Comunista restableció y vigorizó los vínculos entre los trabajadores de todos los países y coadyuvó a desenmascarar el oportunismo en el movimiento obrero internacional, fortalecer los jóvenes partidos comunistas y elaborar la estrategia y la táctica del movimiento comunista internacional.

En mayo de 1943, el Comité Ejecutivo de la Internacional Comunista, partiendo de que la forma orgánica de agrupación de los obreros, que correspondía a las demandas de la etapa histórica pasada, ya había envejecido, aprobó la resolución sobre la disolución de la Internacional Comunista.—4.

9. *Espartaquistas:* miembros de la organización revolucionaria de los socialdemócratas alemanes de izquierda. El grupo "Espartaco" fue formado a comienzos de la primera guerra imperialista mundial por C. Liebknecht, R. Luxemburgo, F. Mehring, C. Zetkin, Y. Marchlewski, L. Yogiches (Tyszka) y G. Pieck. Los espartaquistas hacían propaganda revolucionaria entre las masas, organizaban acciones antibélicas, dirigían huelgas y ponían al desnudo el carácter imperialista de la guerra mundial y la traición de los líderes oportunistas de la socialdemocracia. Pero los espartaquistas incurrían en graves errores en las cuestiones de la teoría y la política: menospreciaban el papel dirigente del partido proletario en la lucha de la clase obrera, temían la escisión con los oportunistas, no comprendían la necesidad de la alianza entre la clase obrera y los campesinos y la importancia de los movimientos de liberación nacional y se pronunciaban contra el principio de autodeterminación de las naciones hasta separarse y formar Estados independientes.

En abril de 1917, los espartaquistas formaron parte del Partido Socialdemócrata Independiente de Alemania, partido centrista, manteniendo en él su independencia orgánica. En noviembre de 1918, durante la revolución en Alemania, los espartaquistas formaron la "Liga Espartaco" y, después de publicar el 14 de diciembre de 1918 su programa, rompieron con el partido mencionado. En el Congreso Constituyente, celebrado del 30 de diciembre de 1918 al 1 de enero de 1919, los espartaquistas fundaron el Partido Comunista de Alemania.—4.

10. *Versalleses:* partidarios del gobierno burgués contrarrevolucionario de Francia, encabezado por A. Thiers, que se acomodó después del triunfo de la

Comuna de París de 1871 en Versalles. Al aplastar la Comuna los versalleses se ensañaron con los comuneros con una inaudita crueldad. Después de 1871, la palabra "versallés" se convirtió en sinónimo de la contrarrevolución feroz.—4.

11. *Guerra hispano-norteamericana* de 1898: primera guerra imperialista por el reparto del mundo.

Los imperialistas norteamericanos se esforzaban por conquistar las colonias españolas en el Caribe —Cuba y Puerto Rico—, así como las Islas Filipinas, que pertenecían a España. Como resultado de la guerra, España perdió sus colonias más importantes, pues las Filipinas, Puerto Rico y otras islas pasaron a los EE.UU. Cuba fue declarada independiente, pero convertida, de hecho, en una semicolonia de los EE.UU.

Guerra anglo-boer (octubre de 1899–mayo de 1902): guerra colonial, de rapiña, de Inglaterra contra dos repúblicas sudÁfricanas —Transvaal y Orange—, como resultado de la cual éstas perdieron su independencia, convirtiéndose en colonias de la Gran Bretaña.—5.

12. Se refiere a la resolución del Congreso de Chemnitz de la socialdemocracia alemana respecto a la cuestión del imperialismo y la actitud de los socialistas ante la guerra. Esta resolución, aprobada el 20 de septiembre de 1912, condenó la política imperialista y subrayó la importancia de la lucha por la paz.—5.

13. *Die Bank* ("La Banca"): revista de los financieros alemanes aparecida en Berlín desde 1908 hasta 1943.—12.

14. Véase C. Marx. *El Capital*, t. III, pág. 620, ed. en ruso.—16.

15. Los escándalos de Gründerzeit sucedieron en el período del crecimiento acelerado de la institución de las sociedades anónimas (proviene de la palabra alemana "Gründerzeit" —institutor) a comienzos de los años 70 del siglo pasado en Alemania. El crecimiento del "günderismo" fue acompañado de la especulación desenfrenada de las tierras y de los valores en la bolsa y de las maquinaciones fraudulentas de los "estraperlistas" burgueses que se enriquecían con ello.—17.

16. Lenin se refiere a J. Plejánov.—22.

17. *Prodúgol*: denominación abreviada del consorcio "Sociedad Rusa de Comercio del Combustible Mineral de la Cuenca del Donets". Fue fundada en 1906.

Prodamet: "Sociedad para la Venta de Artículos de las Fábricas Metalúrgicas Rusas". Fue fundada en 1901.—24.

18. *El Panamá francés*: expresión surgida en relación con el desenmascaramiento en Francia en 1892–1893 de enormes abusos y de venalidad de los estadistas y políticos, burócratas y periódicos sobornados por la compañía francesa para construir el canal de Panamá.—27.

19. *Liquidacionismo*: corriente oportunista, de extrema derecha, entre los mencheviques, surgida en el Partido Obrero Socialdemócrata de Rusia, en los años 1908–1912, después de la derrota de la primera revolución rusa. Los liquidadores renunciaron al programa y a la táctica del partido marxista, trataban de liquidar el partido proletario revolucionario y organizar su partido reformista, adaptando su actividad a las condiciones del régimen zarista, lo que significaría en realidad la liquidación del partido del proletariado.—52.

20. Véase C. Marx. *El Capital*, t. III, pág. 126, ed. en ruso.—55.

21. Lenin se refiere a la llamada "acta de conclusión", firmada el 7 de septiembre de 1901 entre las potencias imperialistas (Inglaterra, Austria-Hungría, Bélgica, Francia, Alemania, Italia, el Japón, Rusia, Países Bajos, España y los EE.UU.) y China, como resultado del aplastamiento de la insurrección de los boxers, de 1899–1901. El capital extranjero obtuvo nuevas posibilidades para explotar y saquear a China.—57.

22. *Insurrección de los boxers*: sublevación popular antiimperialista que estalló en China en 1899–1901 e iniciada por la sociedad de *Yh-ye-tsiuan* ("El puño de la justicia y de la concordia"). La insurrección fue aplastada cruelmente por el cuerpo punitivo unificado de las potencias imperialistas, encabezado por el general alemán Waldersee. Tomaron parte en el aplastamiento de la insurrección los imperialistas alemanes, japoneses, ingleses, norteamericanos y rusos. China se vio obligada a suscribir en 1901 la llamada "acta de conclusión" (véase la nota anterior), de acuerdo a la cual el país se convertía en una semicolonia del imperialismo extranjero.—58.

23. *Fachoda*: poblado en el Sudán Oriental. El choque en Fachoda, que tuvo lugar en septiembre de 1898 entre los destacamentos coloniales ingleses y franceses, condujo a una aguda crisis en las relaciones internacionales, que reflejó la lucha entre Inglaterra y Francia por la dominación en Sudán y por la culminación del reparto de África.—58.

CONTINUIDAD Y PROGRAMA COMUNISTA

Ya superamos el punto más bajo de la resistencia del pueblo trabajador
El Partido Socialista de los Trabajadores mira hacia adelante
JACK BARNES
MARY-ALICE WATERS
STEVE CLARK

El orden global impuesto por Washington tras su victoria en la II Guerra Mundial se está desmoronando. Se acabó el largo repliegue de la clase obrera y los sindicatos. Los patrones y su gobierno aumentan sus ataques a nuestros salarios, condiciones y derechos constitucionales. Las oportunidades para forjar un partido obrero capaz de dirigir una lucha que ponga fin al dominio capitalista están creciendo. US$10. También en inglés, francés y griego.

La última lucha de Lenin
Discursos y escritos, 1922–23
V.I. LENIN

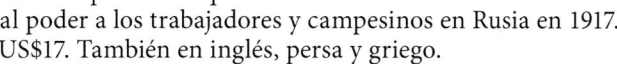

En 1922 y 1923, V.I. Lenin, dirigente central de la primera revolución socialista, libró su última batalla política, la cual se perdió tras su muerte. Era una lucha para decidir si esa revolución y el movimiento comunista internacional mantendrían el curso proletario que había llevado al poder a los trabajadores y campesinos en Rusia en 1917. US$17. También en inglés, persa y griego.

La cuestión judía
Una interpretación marxista
ABRAM LEON

La batalla contra las fuerzas reaccionarias que buscan exterminar a los judíos sigue siendo crucial en la política mundial, como lo demostró el pogromo genocida en octubre de 2023 en Israel. ¿Por qué sigue resurgiendo el odio antijudío? ¿Cuáles son sus raíces de clase? ¿Por qué, como explica Abram Leon, no hay solución "independientemente de la revolución proletaria mundial"? Con una traducción revisada, nueva introducción y 40 páginas de ilustraciones y mapas. US$17. También en inglés, francés y griego.

El trabajo, la naturaleza y la evolución de la humanidad
La visión larga de la historia
FEDERICO ENGELS, CARLOS MARX
GEORGE NOVACK
MARY-ALICE WATERS

Sin comprender cómo el trabajo social transforma la naturaleza, cómo ha sido la fuerza motriz de la evolución de la humanidad a lo largo de milenios, no podremos ver más allá de la explotación de clase de la época capitalista que deforma cada aspecto de las relaciones, las ideas y los valores humanos. US$12. También en inglés y francés.

Cuba y la revolución norteamericana que viene
JACK BARNES

Sobre el ejemplo ofrecido por el pueblo cubano: que una revolución socialista no solo es necesaria sino también es posible. Sobre las luchas del pueblo trabajador en Estados Unidos, donde hoy los gobernantes descartan las capacidades revolucionarias de los trabajadores tan erradamente como descartaron las del pueblo cubano. US$10. También en inglés, francés y persa.

La Primera y Segunda Declaración de La Habana

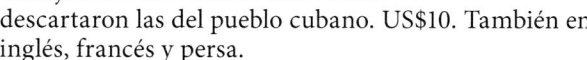

No hay presentación más clara de los problemas de estrategia revolucionaria que estos dos documentos de 1960 y 1962, aprobados en sendas asambleas de más de un millón de cubanos. Estas intransigentes condenas del saqueo imperialista y de "la explotación del hombre por el hombre" siguen vigentes como manifiestos de lucha revolucionaria del pueblo trabajador en todo el mundo. US$10. También en inglés, francés, persa, árabe y griego.

El Manifiesto Comunista
CARLOS MARX Y FEDERICO ENGELS

El comunismo, según explican los dirigentes fundadores del movimiento obrero revolucionario, no es un conjunto de ideas o "principios" preconcebidos, sino el camino de la clase obrera hacia el poder. Surge de un "movimiento que se desarrolla ante nuestros ojos". US$5. También en inglés, francés, persa y árabe.

LOS TRABAJADORES Y LA CRECIENTE CRISIS POLÍTICA DE LOS GOBERNANTES DE EEUU

¿Son ricos porque son inteligentes?
Clase, privilegio y aprendizaje en el capitalismo
JACK BARNES

Expone las crecientes desigualdades de clase en EEUU y las justificaciones de las capas profesionales bien remuneradas que creen que su "brillantez" las califica para "regular" a los trabajadores, quienes supuestamente no sabemos lo que nos conviene. US$10. También en inglés, francés, persa, árabe y griego.

La lucha contra el odio antijudío y los pogromos en la época imperialista
Lo que está en juego para la clase trabajadora internacional
V.I. LENIN, LEÓN TROTSKY
FARRELL DOBBS, JAMES P. CANNON
JACK BARNES, DAVE PRINCE

El odio antijudío y los pogromos —como el que realizó Hamás el 7 de octubre de 2023— ya son parte de las permanentes convulsiones y guerras de la época imperialista. Los autores explican la necesidad de que la clase trabajadora y las naciones oprimidas del mundo combatan el odio antijudío. Y qué hacer para ponerle fin. US$10. También en inglés, francés y griego.

50 años de operaciones encubiertas en EE.UU.
La policía política de Washington y la clase obrera norteamericana
LARRY SEIGLE, FARRELL DOBBS
STEVE CLARK

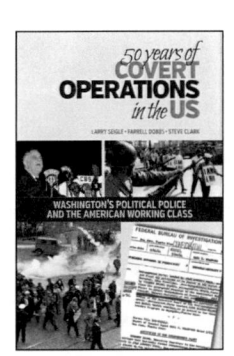

Cómo los trabajadores con conciencia de clase han luchado contra los esfuerzos por expandir el "estado de seguridad nacional" que es esencial para mantener el dominio capitalista. US$10. También en inglés y persa.

El historial antiobrero de los Clinton
Por qué Washington le teme al pueblo trabajador
JACK BARNES

Lo que el pueblo trabajador necesita saber sobre el curso, impulsado por el lucro, que han seguido los demócratas y republicanos por igual en los últimos 30 años. Y el despertar político de los trabajadores que buscan entender y resistir los ataques de los gobernantes capitalistas. US$10. También en inglés, francés, persa y griego.

El imperialismo norteamericano ha perdido la Guerra Fría
JACK BARNES

El colapso de los regímenes en la URSS y Europa Oriental, que falsamente se autodenominaban comunistas, no significó la derrota de los trabajadores y agricultores en esos países. En los actuales conflictos y guerras capitalistas, ellos se han sumado a trabajadores en otras partes del mundo en la lucha contra la explotación. En *Nueva Internacional* no. 5. US$14. También en inglés, francés, persa y griego.

Los cañonazos iniciales de la Tercera Guerra Mundial: El ataque de Washington contra Iraq
JACK BARNES

La mortífera agresión contra Iraq en 1990–91 anunció crecientes conflictos entre las potencias imperialistas, una mayor inestabilidad del capitalismo y más guerras. También incluye:

1945: Cuando las tropas norteamericanas dijeron '¡No!'
por Mary-Alice Waters

Lecciones de la guerra Irán-Iraq
por Samad Sharif

En *Nueva Internacional* no. 1. US$14. También en inglés, francés y persa.

PATHFINDERPRESS.COM

AMPLÍE SU BIBLIOTECA REVOLUCIONARIA

¡Nueva edición ampliada!
Los cosméticos, la moda y la explotación de la mujer
MARY-ALICE WATERS
JOSEPH HANSEN
EVELYN REED

"Las normas de belleza y moda son inseparables de la lucha de clases" es el nuevo capítulo inicial de esta oportuna edición ampliada sobre un animado debate en los años 50 en el *Militant*, un semanario socialista. Cómo los monopolios de cosméticos y moda sacan ganancias aprovechando las inseguridades sociales de las mujeres y los adolescentes. Por qué la integración de las mujeres a la fuerza laboral y a los sindicatos es un avance importante en la lucha por su emancipación. Un clásico del marxismo sobre el origen de la opresión de la mujer y el camino a seguir para la clase trabajadora. US$15. También en inglés, francés, persa y griego.

Rebelión Teamster
FARRELL DOBBS

Sobre las huelgas de 1934 que lograron la sindicalización de camioneros y trabajadores de depósitos en Minneapolis y allanaron el camino para el movimiento social obrero que forjó los sindicatos industriales. El primero de cuatro tomos narrados por un dirigente central de estas batallas. US$16. También en inglés, francés, persa y griego.

Nuestra política empieza con el mundo
JACK BARNES

Las enormes desigualdades entre los países imperialistas y semicoloniales, y entre las clases dentro de cada uno, son perpetuadas por el propio capitalismo. Para forjar partidos capaces de dirigir una lucha revolucionaria por el poder en nuestros propios países, los trabajadores de vanguardia debemos guiarnos por una estrategia para cerrar esta brecha. En *Nueva Internacional* no. 7. US$14. También en inglés, francés, persa y griego.

¡Nuevo!
La revolución y el camino a la paz en Colombia
El ejemplo de la Revolución Cubana
FIDEL CASTRO

"Ningún crimen puede ser cometido en nombre de la revolución", afirma Fidel Castro, destacando el ejemplo sentado por el pueblo trabajador de Cuba al tomar el poder estatal de manos de los gobernantes capitalistas. En 2008, como parte del esfuerzo por poner fin a seis décadas de conflicto armado en Colombia, él compartió esta experiencia con las Fuerzas Armadas Revolucionarias de Colombia (FARC) y con el mundo. US$10. También en inglés.

Las mujeres en Cuba: Haciendo una revolución dentro de la revolución
VILMA ESPÍN, ASELA DE LOS SANTOS
YOLANDA FERRER

La integración de las mujeres a las filas y a la dirección de la Revolución Cubana fue parte inseparable del curso proletario dirigido por Fidel Castro desde el principio. Esta es la historia de esta revolución y cómo transformó a las mujeres y hombres que la hicieron. US$17. También en inglés, persa y griego.

Somos herederos de las revoluciones del mundo
Discursos de la revolución de Burkina Faso, 1983–87
THOMAS SANKARA

Los campesinos y trabajadores en este país de África Occidental crearon un gobierno popular revolucionario y comenzaron a combatir el hambre, el analfabetismo y el atraso económico impuestos por la dominación imperialista, así como la opresión de la mujer heredada de la sociedad de clases desde hace milenios. Cinco discursos del dirigente de esta revolución. US$10. También en inglés, francés y persa.